Pilot
派力营销图书

Pilot 派力营销图书
中国营销人员的工具库和教材库

THE TRAINER'S TOOL BOX

培训师的工具箱

新培训师的入门手册，老培训师的随身工具。

（第三版）

盛晓东　赵琼/编著

企业管理出版社
EMPH ENTERPRISE MANAGEMENT PUBLISHING HOUSE

图书在版编目（CIP）数据

培训师的工具箱 / 盛晓东，赵琼编著 . —3 版 . —北京：企业管理出版社，2019.1

ISBN 978-7-5164-1877-2

Ⅰ . ①培…　Ⅱ . ①盛…　②赵…　Ⅲ . ①企业管理—职工培训　Ⅳ . ① F272.92

中国版本图书馆 CIP 数据核字（2019）第 019121 号

书　　名：培训师的工具箱（第三版）
作　　者：盛晓东　赵　琼
责任编辑：韩天放　程静涵
书　　号：ISBN 978-7-5164-1877-2
出版发行：企业管理出版社
地　　址：北京市海淀区紫竹院南路 17 号　　　　邮编：100048
网　　址：http://www.emph.cn
电　　话：编辑部（010）68701638　发行部（010）68701816
电子信箱：qyglcbs@emph.cn
印　　刷：河北鹏润印刷有限公司
经　　销：新华书店
规　　格：166 毫米 ×235 毫米　　16 开本　16 印张　210 千字
版　　次：2019 年 1 月第 1 版　　2019 年 1 月第 1 次印刷
定　　价：49.80 元

序一

商德需要好榜样

——派力营销图书经典系列再版序

我已十多年没有意愿发声，一是自身回归清静生活有点懒惰，二是对这些年商业及社会的道德表现有些失望。

我是否是愤青般的夸大其词或羡慕嫉妒恨？

那就让我们以一个普通家庭消费者的身份，回顾一下日常生活中的购物和投资理财体会：大到购买房产及装修、买车、股票和基金、理财产品、商业保险、股权投资、医疗、教育等，小到网购、穿的衣服、吃的食品、用的物品、公用服务（通信、交通等）、售后服务、旅游、各种软件下载等，很多时候都会让你体验到购前满怀期待、购后愤怒生气甚至投诉起诉无果的遭遇。

商界精英们可以从自己及能影响到的身边人做起，力所能及地认清和改变自己，尽量持公正心、做正直人、干正派事，即便是不能给自己带来任何功利，至少每晚可以安然入眠、不惧来世，为我们的子孙树个好榜样，为未来中国商业和社会文明的进步垫砖添瓦。

其实，中国商界古代都有很好的榜样和“先信，再义，后利”的先辈教诲，就当今的消费体验而言，广东和四川的餐饮服务业很早就是中国商界好榜样，中国家电行业曾经的表现也是，那些辛苦赚钱的快递外卖小哥们的服务表现也不错，部分 B2B 行业的客户服务也进步很多，不少富翁们已经开始做一些很有持续利民价值的公益慈善活动，党和政府的反腐倡廉及法制建设也在快速进步，当然还有其他不一而足。

在出版派力营销图书经典系列之际，写此文与商界及二十多年来一直信任和陪伴派力营销图书的上千万中国营销同仁们共勉。

最后，让我们摘录亚马逊 CEO 杰夫·贝索斯在普林斯顿大学 2010 年学士毕业典礼上的演讲中的几句话作为共勉：

善良比聪明更难，选择比天赋更重要。

天赋和选择不同。聪明是一种天赋，而善良是一种选择。天赋得来很容易——毕竟它们与生俱来。而选择则颇为不易。如果一不小心，你可能被天赋所诱惑，这可能会损害到你做出的选择。

你们要如何运用这些天赋呢？你们会为自己的天赋感到骄傲，还是会为自己的选择感到骄傲？

北京派力营销管理咨询有限公司　屈云波

2018 年 10 月 1 日

序二

做一个追随梦想的稻草人

20 多年前，当我刚刚开始工作的时候，出于多年的梦想与个人的爱好，我和朋友开了一家手工艺品店，在那时这个店还是绝对前卫的，作为开店的主旨，我们选择了“拒绝平庸”——不求最好，但求喜欢、独特、个性，和所有志同道合的朋友一起分享有品位的工艺品。稻草人，作为我们自己设计、生产并销售的产品，后来逐渐成了主要的标志性产品。

选择稻草人纯属偶然。某一天，在郊外看到稻草人后，我忽然感到，稻草人竟与我们的命运如此相似。它们总是出现并守候着丰收前的关键时刻，它们忠诚、执着，在不被别人注意的情况下仍旧守护着身边的一片净土。在使命完成之后，它们悄然而退。当时，在喧闹的世界里，我们做着稻草人，被未来的憧憬激励着经营自己的小店。后来，由于工作的原因，我离开了这个城市，也退出了这个小店的经营。令我颇感心痛的是，不久以后，由于缺乏资金，朋友们关闭了小店。我们的梦想也随着这个小店的失败而暂时被尘封起来。

10年，对中国人来说是一个圆满的时间数字，也正是在此期间，我对人生和生活有了更深刻的体验，一个人从东方跑到了西方，学习西方先进的管理经验，丰富自己的阅历。多年来，稻草人平朴而又执着的信念一直影响着我，让我在反复权衡后又回到了东方，从事自己喜欢的咨询与培训事业，与别人一起分享彼此多年的积累与经验。

正是在这种情况下，《培训师的工具箱》得以面市。我要感谢屈云波先生的安排与袁力先生的指导。利用工作之余，我系统整理了这些年来从自己接受培训开始到自己讲课的经验与心得，编为目前各位手中的这本书。

从系统知识出发、简单、实效是我写本书的基本原则，这也是稻草人留给我的第一启示。在本书中，我参考了国外部分最新的理论与实践，结合不同企业培训工作开展的情况与我协助多家企业建立培训管理体系的经验，系统整理了在培训的各个阶段使用到的各类工具表格，这些表格可以直接应用于读者的工作。本书将内容分为“要点说明”与“应用工具箱”两部分，分别从理论与实践两方面对相关内容进行了细致的介绍。

全面性是本书的另一个特点。在本书中，我将培训项目分为一般性培训项目与年度性培训项目，并以一般性培训项目的基本流程为单位，详细阐述了从需求调查开始到培训后续工作进展等方方面面的内容。这些内容将帮助读者学习科学、全面的培训项目管理知识，并借助本书中的工具来开展工作。例如，企业内训课程通常以评估收尾，相关的课程评估报告成为培训结束的标志，培训课程的结束并不意味着培训项目的结束，讲师应该针对学员如何应用培训内容和相关要点于实际工作中、培训中发现的问题点、后续培训课程等三个方面提交建议，方可视为培训项目的圆满结束，这些方面的工作要点、工具表在书中均有体现。

对于许多常见错误或陷阱，本书也给出了具体的改善建议。例如，企业内训课程要充分考虑企业、学员两方面的特点与需求，即便是在企业内部进行同样课题的培训，也要针对不同的学员相应修改内容侧重点与培训方法。再如，同样是培训前的暖场，面对相互间很熟悉的学员与彼此不认识的学员，均应该采用不同的培训方法。类似的提醒与建议在书中各处均有体现。

在本书中，我也提出了很多新的观点，这些观点与工具在一定程度上弥补了国内同类书籍的空白。例如，第一章提出应该从 10 个方面对企业的培训工作进行全面的分析、诊断，并以此为基础设计了一套完整的问卷。又如，第五章也是在业内第一次提供了如何进行年度培训工作的分析总结与次年度培训计划制订的一套完整模板。这些新的工具正在逐渐被国内外公司所使用并得到了良好的反馈。这些工具在我为不同的企业进行咨询与管理辅导时也逐渐成形并发挥了积极作用。

我衷心希望本书提供的这些工具能够为读者的工作带来实质性的帮助，就像稻草人一样，通过默默无闻、实效的工作，能够伴随读者走向自己的丰收时光。

本书适合企业培训负责人、讲师、人力资源相关从业人员或咨询公司使用。

盛晓东

2018 年 9 月

目录

第一部分　背景资料

第一部分
背景资料

THE TRAINER'S TOOL BOX

第一章　培训行业与中国企业培训现状

本章结构

第一节　培训理论的发展

第二节　中西方企业培训现状比较

第三节　如何有效地开展培训

第四节　培训如何发挥作用

第五节　准备好了吗——企业培训诊断问卷

本章概述

本章作为讲师需要具备的基本知识，主要从培训理论的演变过程、中西方的培训现状比较等方面详细说明了培训行业的特点。

本章也从理念的角度解释企业应该如何开展培训工作，不少工具与观点在业内是第一次提出，为后续章节从方法论的角度展开奠定了必要的基石。

本章的最后提供了一份关于企业培训现状的诊断问卷。该问卷可以帮助讲师或培训经理全方位了解企业相关培训工作的开展情况。

第一节　培训理论的发展

培训理论最早是在1911年由“科学管理之父”弗雷德里克·温斯洛·泰勒提出的，在他的著作《科学管理》中，泰勒认为当时的企业管理层不懂得使用科学的方法进行管理，不懂得工作程序、劳动节奏和疲劳因素对生产率的影响，尤其是员工缺少培训，没有正确的操作方法和合理的工具，这就极大影响了劳动生产率的提高。

为了改进管理，泰勒进行了试验，后来在此基础上形成了科学管理制度，为推动企业的培训观念奠定了基础，之后，雨果·芒斯特伯格（Hugo Munsterberg）和维特尔斯将心理学与培训的专题相结合，发表了各自的著作，专门讨论了培训的问题。但对于培训和发展的系统研究是在20世纪60年代开始的。1961年迈克格希（W.McGehee）与赛耶（P.W.Thayer）出版了《企业与工业中的培训》，在书中提出了三种分析方法（组织分析、任务或经营分析和人员分析），应用于企业选拔合格人员、编制培训计划、设计培训方法等。

之后，随着人力资源科学的不断丰富，对培训的研究也逐渐增多，培训成为与工作分析、人力资源规划、招聘与选拔、绩效评估与薪酬管理、劳资关系等并行的一项职能。培训在企业管理系统中的位置如图1-1所示。

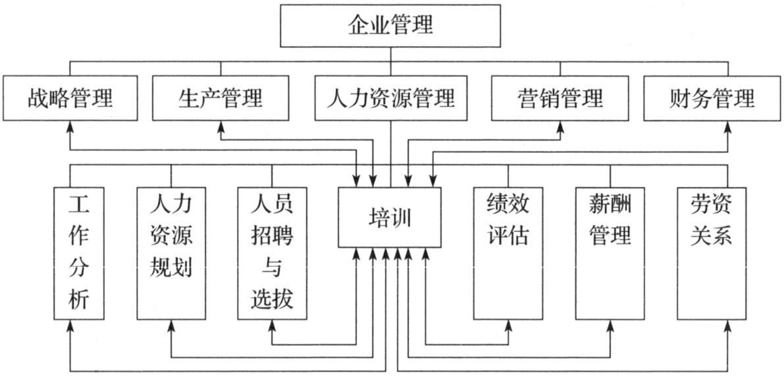

图 1-1　培训在企业管理中的位置

引自李发彬《企业人力资源培训的系统观考察》(《中国培训》. 2001 年第 9 期)

第二节　中西方企业培训现状比较

一、发达国家培训发展历程概述

培训在发达国家也经历了由无到有、不断完善的过程（见表 1-1 和表 1-2）。

表 1-1　西方发达国家培训的历程

期　　间	主要的培训方向	特　　征
20 世纪 20 年代至 70 年代	技能培训阶段	● 针对一线生产工人开展的、与生产岗位相关的工作技能培训 ● 通过开发、提高工人的生产技能，从而提高生产率

续表

期　　间	主要的培训方向	特　　征
20 世纪 70 年代之后	培训的观念和侧重点由工作技能转移到管理能力的培训	● 第二次世界大战后，科技的进步使得企业的技术水平提高，大量人力的、重复性的工作逐渐被机械化和自动化机器所替代，单纯依靠生产率的提高并不会带来整体企业效益的大幅度提高，非生产性因素逐渐受到关注 ● 同期劳动力市场也出现了变化。可供使用的人力资源质量与数量均有所提升，进行技能开发的必要性逐渐降低，企业更倾向于直接从劳动力市场寻找高质量的劳动力 ● 组织理论的发展也促使企业意识到人性化的管理将是推动企业进步与成功的重要因素

表 1-2　发达国家培训方面的成功经验

成功经验	说　　明
以人为本	发达国家从技能转向管理培训的过程充分考虑了人的个性因素，并倡导终身学习的观念，将留住员工、投资员工、为员工在企业内的职业发展创造条件作为企业培训的出发点
重视职业教育与培训	成功的企业大都建立了适合本企业特色的员工培训体系，甚至设立自己的大学，培训自己需要的高级人才
职业教育和培训通过法律或制度加以强化	多数发达国家建立了全国统一的、与工作岗位相适应的职业资格教育与培训制度，通过法律的手段强化职业教育与培训的职能，国际上通行的 LCCI、ACCA 等职业资格考试就是在这种情况下产生的

续表

成功经验	说　明
重视对成年人学习规律的探索	考虑到受训者的特点，发达国家有专门的机构或人员来研究成人学习和认知的规律，研究如何提升成年人的培训效果，这些研究推动了培训的进一步发展
注重对能力的开发	企业不仅要求受训者具备一定的知识，也要有一定的灵活性，这就体现了对能力进行培训和开发的必要性。西方的相关理论认为，能力是后天养成的，是对院校传授的知识的延伸，只有不断锻炼各方面的能力，才能获得全面的发展。作为共识，这样的能力应该包括沟通、独立处理问题、组织与实施工作、学习与提高、承受外界压力等。目前，在这样的能力训练课程基础上衍生的模块化教学方式已经逐渐被多数人所接受
注重理念、态度、企业文化等“软件”的培训	除了专业的知识与技能，理念、态度、企业文化、创新精神的培训也受到重视，培养员工对企业的忠诚精神和参与意识是多数企业认为值得为员工进行培训投资的重要前提条件
设立培训专项资金	不少发达国家规定了企业必须提取一定比例的资金用于员工的培训，如德国、美国均有该类法律出台，鼓励企业开展培训活动

二、我国企业培训历程回顾

总体说来，在我国，培训大致经历了五个发展阶段（见表 1-3）。

表 1-3　中国培训行业的发展进程

期　间	特　征
20 世纪 80 年代初期	● 以“补课”为特征的社会继续教育培训体系初步建立与完善

续表

期　间	特　征
20 世纪 80 年代中后期	• 培训职能逐渐开始细化，典型特征是厂长经理培训逐渐制度化、规范化，中青年后备人才的培训稳步发展 • 国家大力支持国有企业的岗位培训，共有 1.5 万名大中型企业的主要领导参加了各类岗位培训，满足了该阶段企业经营的要求
20 世纪 90 年代初期	• 随着现代企业制度的建立，相关的产权制度、法律、法规培训全面开展，同期，国有企业改革逐渐深化，向国外学习先进经验、导入先进的管理理论与思想也逐渐被人所重视。在此期间，中国的工商管理培训开始起步
20 世纪 90 年代中后期	• 从 1996 年开始，企业的自主培训全面展开，工商管理培训继续深入，形成了以工商管理为核心、以各种短期培训为辅助、成人继续教育为配套的培训格局 • 大量的专业培训公司成立，为企业提供各类体系完善的培训服务
21 世纪初期	• 多元化培训体系竞争逐渐加剧 • 培训从补课的职能向变革推动者的职能过渡 • 各类培训机构异军突起，培训市场（尤其是职业教育市场）的竞争日渐激烈 • 一些有先见之明的企业逐渐在内部建立了完善的培训体系和制度，甚至成立企业商学院，在内部组织大规模地培训

三、中外企业在培训上的差异

与发达国家和知名企业相比，中国的培训虽然进展迅速，但仍旧在某些方面存在着差距（见表 1-4）。客观对待这些差距的存在并认真分析其成因，对今后培训工作的开展具有实际的指导意义。

表 1-4　中外企业培训工作的差异

差距的表现		可能的原因	
意识方面	● 国内的企业一般将培训作为提高员工工作绩效的手段之一，虽然不少企业也总是在强调有责任提高员工综合素质，但是真正对员工开展思维、心理素质等方面培训的企业少之又少。而国外知名企业大都将培训视为满足企业需要与员工职业发展两方面共同需求的必要手段	经营理念	● 国外知名公司的管理者认为，企业生存与发展能力的提升不仅有赖于本企业员工素质的提高，也得益于供应商、分销商与合作伙伴综合素质的提高。他们不仅希望不断提升自己，而且愿意通过自己的咨询和培训帮助他们提升。国内企业的管理者的目光普遍局限于本企业内部，认为只有自己获得提高才是在竞争中获得胜出的保障，因此，往往对与战略伙伴合作保持低调。在这样的理念下，培训往往只针对本企业员工开展 ● 国外的文化背景也对经营理念产生了一定影响。西方企业崇尚自由与个性的发挥，往往从尊重员工的自主意愿出发设计培训项目。而国内的企业受传统文化的影响，更强调服从，因此，基于这种文化产生的培训项目更多体现了企业管理层单方面的意愿。这方面的差异直接影响了培训的效果
培训对象方面	● 国内的企业通常将培训对象限定于本企业的员工。而国外知名企业会根据实际的需求，将培训拓展到本企业的上游供应链和下游分销商、最终用户		

续表

差距的表现		可能的原因	
培训管理方式	● 国内企业中，通常只有大型企业才设有专职的培训部门，在其他类型的企业中，培训部门没有单独设立，只作为人力资源部门的一个固有职能而依附其中 ● 国内企业的培训预算与经费来自企业的统一调拨与管理，它是一个成本中心而非利润中心，经费也经常被裁减 ● 在国外的知名公司中，培训的职能已经成熟，为了让培训更加适应企业的需求，培训部门是一个独立核算的实体，所提供的服务是有偿的，它的经费来自参加培训的客户而非企业拨款。该部门的发展既服务于企业的总体目标，也不拘泥于此，而是根据客户的需求做出调整	● 培训管理体制	● 国外公司的最佳实践表明，培训职能的完全开发往往是伴随着培训部门独立核算而逐步形成的，在不违反公司整体战略的情况下，给予培训部门充分的自主权，因此，培训部门也是一个利润中心。而国内企业的培训部门往往依附于人力资源部门之下，所有的工作直接受企业影响，经费来自企业拨款，是一个成本中心。在这两种不同的机制下，培训管理工作的主动性与创造性方面存在着极大的差别

第三节　如何有效地开展培训

培训的必要性已经是老生常谈，在此我们也不加以赘述。我们只是要强调，在“培训”这个词汇已经火热的时候，讲师、企业的培训经理更应该关注培训的基本功能，应该正确认识培训可以发挥的作用。

有效实施培训的前提是正确地认识培训的目标（或称为作用）并采用正确的方法来实施培训（见表 1-5）。

表 1-5　培训的目标及对有效培训的启示

培训的目标	说　明	对有效开展培训的启示
导入和定向	引导新员工加入企业，了解、熟悉工作职责、工作环境和工作标准	● 培训必须从新员工的基本工作职责开始，从理念、行为两个层次开展 ● 工作标准与技能的培训可以满足拿来就用的目标，是最基础、有效的培训，因此，编写《工作标准手册》等类似的工作手册对培训有积极的推动作用
改进绩效	通过新方法、新技术、新思维、新规则的传播达到提高工作绩效和行为表现的目的	● 培训不仅针对现有技能应用，还需要考虑如何服务于企业未来的业务与战略需要

续表

培训的目标	说　　明	对有效开展培训的启示
扩展员工价值	通过培训扩展员工的知识和技能，提高员工的适应性，为其进一步发展和担负更大的责任创造条件	● 培训必须让员工参与其中，体验到培训为其自身成长带来的价值 ● 培训必须制度化，应充分引起全体员工的重视
提高领导素质	培训可提高各层次管理人员的思想素质和管理水平，使其更新观念，改善知识结构，适应组织变革和发展的需要	● 培训不仅面向技能层面开展，也需要从理念层面进行 ● 培训能否顺利进行并发挥作用的关键不仅取决于培训本身，更取决于企业高级管理人员对培训的认识与态度

显然，如果用一句话来概括上述内容，培训的目标可以简单归纳为“从技能补充到技能提升，从解决问题到帮助员工实现职业发展的需要”。

第四节　培训如何发挥作用

培训可以从理念、行为两个层次开展，目前，在企业内部实施的培训，多从后者入手进行。在这种情况下，培训经常作为一种辅助实施手段来开展，即将培训作为系统性解决方案的一部分，通过该形式将相关内容与技能进行说明与解释。

无论企业采取何种层次的培训，有三点是要求讲师与受训者必须认真思考的问题，在此，我们建议讲师采用提问与团体讨论的形式让受训者考虑以下三个问题——培训将从以下三个方面对受训者的工作产生推动（见表 1-6）。

表 1-6　培训如何发挥作用：三个基本问题

需要受训者思考的问题	讲师应利用的时机与方式
我学到什么	在每个课程单元结束后都应及时进行该问题的研讨
和我的工作有什么联系	使用团体作业、案例讨论等形式开展为宜
我将如何在工作中应用这些知识	可以在整个培训项目结束后进行，让受训者在综合各方面知识后思考、讨论并进行练习

如果受训者能够认真思考这些问题并做出积极的反应，则有理由相信，培训已经对他们产生了影响。

第五节　准备好了吗——企业培训诊断问卷

前面提到了什么是有效的培训以及培训如何发挥作用，作为讲师、企业的培训经理，有必要定期对企业的培训现状做出系统的、全面的分析（如每半年一次），并在此基础上适当对培训工作做出改进。下面，我们提供了一份针对企业培训工作开展情况的诊断问卷，以帮助讲师、培训经理全面分析培训工作的得与失，从而形成正确判断。

应用工具箱

对培训现状的诊断，应从以下几个方面进行（见表 1-7）。

表 1-7 企业培训诊断的项目与方法

诊断项目	采用的方法	要 点
企业对培训的认识与重视程度	• 高层访谈 • 中层主要干部的问卷调查、访谈 • 基层员工的问卷调查	• 面向企业内部不同级别、不同岗位的人开展 • 重点是面向各级部门的主要负责人开展调查
培训需求的确认	• 访谈（面谈或电话访谈） • 调查问卷 • 团队工作绩效分析 • 根据能力素质模型分析个人绩效	• 面向不同的人采用不同的需求调查与分析方法 • 各类调查方法应该综合、配比使用 • 随机性培训需求调查应尽量切合能力素质模型的要求
培训的目标	• 访谈 • 查阅之前的培训记录	• 重点了解受训者部门负责人与培训部的期望与实际效果
培训的组织、实施与管理	• 访谈 • 查阅培训评估问卷	• 重点与曾接受过培训的受训者、培训经理、讲师沟通
培训资源	• 查阅培训记录 • 与培训负责人交流 • 在企业内部交流	• 培训资源包括内外两部分资源，企业应合理开发、使用内部资源，所以，诊断应包括对内部资源的相关情况分析

续表

诊断项目	采用的方法	要　点
培训对象	• 直接访谈 • 问卷调查	• 培训对象参与培训的动机在极大程度上影响培训的效果，因此，针对培训对象的分析要从受训动机、参与的主动性、影响培训内容转移等方面全面进行
培训质量	• 查阅培训效果评估 • 与讲师访谈 • 与培训管理部门访谈	• 培训质量受制于讲师授课水平、专业经验与知识积累、教案准备情况、教案更新情况与受训者的主动参与意识
培训效果	• 查阅《培训效果评估报告》 • 在培训结束后1个月、3个月、6个月的时间与受训者的上级进行访谈，以确定受训者的工作绩效是否有所改变	• 针对单次的培训效果，可以通过《培训效果调查问卷》进行分析 • 针对年度培训或某段时期内进行的培训效果评估，应该从培训开展频次、培训有效覆盖率、重点人群覆盖率、人均受训次数、单项培训覆盖率、各培训项目得分等方面进行长期培训效果的评估
系统性培训计划	• 查阅培训计划 • 对培训管理部门进行访谈	• 计划的制订与执行是一个问题的两个方面，需要全面考虑
培训经费管理	• 通过查阅公司现有的规章制度与培训经费使用情况收集初步资料 • 分析培训经费在各类受训对象、培训课题上的使用情况 • 通过访谈了解企业高层管理者、培训经理对经费使用与控制方法的意见与建议	• 对培训经费管理的分析应该包括经费来源、经费使用标准、经费在不同培训课题与不同人群的效果分析等三个主要方面

企业培训诊断问卷

本问卷中涉及的名词与基本定义：

- 培训讲师：培训课程的主讲人。
- 培训经理：组织、实施、评估培训活动、调配培训资源的人，通常是企业的培训部或人力资源部相关工作人员，在某些情况下可以由培训讲师兼任。
- 培训方法：指在培训中使用的、用以提升培训效果的方法，如游戏、小组讨论等。

一、企业对培训的认识与重视程度

1. 公司过去一年中曾经组织过哪些方面的培训？效果如何？

2. 以往的培训中您认为哪些课程是最有效果的？为什么？哪些课程是最没有效果的？为什么？

3. 培训内容主要涉及哪些方面？

- 专业知识。
- 工作技能（职业技能、管理技能、个人技能）。
- 工作态度。
- 工作习惯。
- 经营理念。
- 思维训练。

4. 培训的内容是以理论为主还是案例为主？如果结合案例，是否使用了本企业的案例？

5. 培训的内容与实际工作的结合是否紧密？

6. 培训内容由谁来设计？如果由外部讲师来设计，企业是如何参与的？

合作的程序是什么？双方如何确定协作内容？

7. 培训的内容是否可以迅速应用于实际工作？为什么？

8. 如果培训的内容无法迅速应用于工作，是什么原因导致无法应用？这些因素在什么情况下可以克服？为什么？

9. 企业通常在什么情况下组织培训？培训需求的产生是出于管理者的意志还是受训者普遍的意志？

10. 培训是否是企业例行开展的必要工作之一？

11. 培训在什么情况下不得不让步于其他工作？

12. 管理者期望培训能够具体解决哪些问题？培训是否经常作为解决具体问题的系统性方案之一来发挥作用？

13. 管理者是否经常意识到“培训很重要”但不知道“如何进行某项培训”？

二、培训需求的确认

14. 企业是否定期面向员工开展培训需求调查工作？

15. 是否在每次进行培训之前首先进行培训需求的分析与确认？

16. 如果企业经常聘请外部培训讲师，这些讲师是否会采取问卷调查、访谈、测试等多种方式开展需求调查并在此基础上设计培训课程？

17. 需求调查是否只面向受训对象进行？以什么方式进行？

18. 对培训需求的调查与分析通常由谁来完成？

19. 是否针对以下方面进行了系统的培训需求调查？

（1）培训内容的需求调查：

- 受训者认为的主要培训内容？
- 管理者认为的主要内容？
- 讲师理解的培训内容？
- 受训者、管理者与讲师对培训课题与内容的理解是否一致？

（2）针对受训者的调查：

- 针对受训者基本背景资料（如性别、年龄、工作经历、专业方向等）的调查？
- 针对受训者学习风格、沟通风格、管理风格等进行调查？

（3）培训开展的方式：

- 讲师将采用什么培训方法以确保培训效果的最大化？
- 这些培训方法将塑造怎样的培训氛围？
- 管理者、受训者是否能够接受这样的培训方法？

（4）培训目标的基本界定：

- 培训课程结束的标准是什么？
- 期望在培训课程结束后对受训者在哪些方面达成什么目标？

20. 企业是否具有针对不同岗位的能力素质要求？培训需求调查的结果是否与企业在这些岗位的能力素质模型的要求相匹配？

21. 企业是否不定期与外部培训机构保持畅通的联络？是否及时根据培训需求更新相关课程？

三、培训目标

22. 管理者对培训的目标是怎样认识的？

23. 受训者对培训的目标的认识是否与讲师、管理者一致？如果不一致，差异点在哪里？造成差异的原因是什么？

24. 针对培训的远期目标，企业高层管理者具有什么认识（下面提供了部分要点）？

- 对员工的导入和定向；
- 改进绩效；
- 扩展员工价值，帮助员工在企业内部获得更好的发展；

● 提高企业的整体素质。

四、培训的组织、实施与管理

25. 企业的培训课程是强制性的还是自愿性的？

26. 是否为自愿性培训项目或员工自学提供了必要的指导意见和参考资料（如教材、教案、音像制品等）？

27. 企业的整体组织结构是怎样的？各部门的职责是什么？培训隶属于哪个部门？

28. 各个职能部门是否有明确的要求履行培训的义务？

29. 对培训部职能的界定是什么？

30. 不同部门开展的日常培训是否遵循统一的流程？企业是否有关于培训方面的系统管理制度规定与培训经费管理制度？

31. 企业是否有完善的、系统的、能够与员工职能、职位相对应的课程体系？

32. 相关培训工作的开展是如何组织、实施的？

（1）有专门的培训部，负责组织实施相关事项（转入第 21 题）。

（2）没有专门的培训部门，将培训的职能归于人力资源部门之下。

（3）主要依靠外部力量协助制订培训计划并实施培训。

33. 如果企业设立有专门的培训部，其职责与日常工作包括：

职责与工作内容	执行情况				
	几乎没有 1	少量 2	一般 3	经常 4	频繁 5
（1）制订年度培训方案	1	2	3	4	5
（2）分析培训需求	1	2	3	4	5

续表

职责与工作内容	执行情况				
	几乎没有 1	少量 2	一般 3	经常 4	频繁 5
（3）管理培训场地与器材	1	2	3	4	5
（4）协助制订员工个人职业发展规划	1	2	3	4	5
（5）协助员工完善自我学习计划	1	2	3	4	5
（6）建立企业商学院	1	2	3	4	5
（7）与外部培训机构保持联系	1	2	3	4	5
（8）日常培训经费的管理	1	2	3	4	5
（9）讲授部分培训课程	1	2	3	4	5

34. 企业在培训的硬件设施上进行了哪些投入？

35. 企业是否有完善的培训记录？

36. 是否将培训的参与情况、受训者在培训中的表现、培训后的考核成绩等作为日常行为考核的一部分？

37. 企业是否有这样的规定：相关晋升与内部工作轮换必须首先进行相应的培训？

38. 企业是否会对受训者的绩效进行追踪？谁将是该员工绩效的评估者？讲师与受训对象的直接领导是否有定期、不定期的沟通以确认培训效果？

39. 企业是否有专门的机制来确保、监督培训效果转化为实际生产力？同时相关人员在这个转化过程中是否给予积极、主动的配合？

五、培训资源

40. 企业管理层理解的培训资源具体包括哪些？

41. 企业是否有内部讲师？

42. 内部讲师是专职还是兼职？

43. 如果是内部专职讲师，他们分别能够讲述的主要课程是什么？是否是企业所需要的、针对核心技能要求所开发的课程？对他们的讲课时间与讲课质量是否有明确的要求？

44. 如果是企业内部的兼职讲师，他们分别讲述的课程是什么？是否是企业所需要的、针对核心技能要求所开发的课程？他们的讲课技巧如何？为这些兼职讲师制订的讲课内容与计划是否可以如期进行？受训者对他们的讲课效果评价如何？有什么因素影响他们无法执行培训计划？

45. 内部讲师可以完成哪些方面的课程？占整体培训课程讲授量的多少？

46. 使用内部讲师需要支付的酬劳是多少？该酬劳是否具有激励性？

47. 使用内部讲师是否存在什么不便之处？

48. 企业是否具有明确的措施来激励内部员工承担培训的责任与义务？有什么措施可以确保非专业讲师的培训质量？

49. 企业是否经常从外部采购培训课程？这些培训课程是从专业培训公司采购的还是从独立讲师处采购的？

50. 企业中哪些部门参与外部培训课程的采购过程与决策过程？

51. 企业是否具有培训课程采购的相关标准，如采购什么课程、课程采购量在整体课程中的比例、费用支出比例、以什么标准衡量外部资源的专业能力与服务质量？

六、培训对象

52. 企业目前的培训对象包括哪些方面的人员？

- 公司内部员工；
- 客户方员工；
- 其他：请说明。

53. 为了对应业务的发展，企业是否考虑扩大现有的受训范围？是否有足够的资源来支持这一设想？

54. 现有培训对象参加培训的目的是什么？

- 完成公司指派的培训任务（占　%）；
- 为了自己增长知识，开阔视野（占　%）；
- 为了在内部获得提升而按公司的要求参加培训（占　%）；
- 为了和别人交流思想，因为平时没有机会可以这样做（占　%）；
- 为了多认识一些朋友，或者在繁忙的工作之际调节、休息一下（占　%）；
- 其他：请说明。

55. 培训对象喜欢以什么方式积极、主动参与培训？

56. 他们在培训结束后是否足以承担对他人（同事或下属）进行培训、教育的任务？

57. 他们是否愿意主动将培训内容应用于实际工作？如果不，为什么？在什么情况下他们才能够积极将培训内容应用于实际工作？

七、培训质量

58. 为了确保培训质量，企业有哪些培训质量保障制度与具体行为（如与讲师签署约定、进行效果评估等）？

59. 是否有针对不同培训对象的系统培训方案，或者是使用一套教材而应用于全体？

60. 即便是同样的培训内容，是否考虑了要根据培训对象的不同实行不同的培训方法，如角色扮演、分组讨论等？

（或：选择培训方法是出于培训内容的考虑还是基于受训者的基本情况？）

61. 是否会结合工作需要定期更新培训内容？这些培训内容是否先经过内部测试后才进行推广？

八、效果的评估

62. 是否在每次培训之后即刻进行培训效果评估？

63. 培训效果评估采取的主要方式是什么？都对哪些项目进行评估？评估是否有客观的参照标准？

64. 企业是否会根据评估的结果与讲师协商对原教案做出进一步的修改与更正？

65. 讲师是否会根据主要受训者的表现提交进一步培训建议或对今后开展类似培训提供相关有价值建议？这些建议是否在后续的培训中被应用？

66. 对以下指标进行分析：

- 培训开展频率。
- 培训有效覆盖率。
- 重点受训人群覆盖率。
- 人均受训次数。
- 单项培训覆盖率。
- 各培训项目满意度得分。

九、系统性培训规划

67. 企业是否有制订年度整体培训方案的惯例或制度？如果有，执行情况如何？

68. 在实施中是否会根据人员的变更或业务需求等外部因素每季度一次进

行修订？如果有，接第69题；如果没有，接第70题。

69. 如果有，是如何做的？通常会根据哪些外部因素考虑修订计划？

70. 如果没有，是否今后会有这方面工作的设想？为什么？是什么因素导致没有相关的计划修订？

71. 计划制订后执行情况如何？影响计划执行的因素有哪些？为什么会存在这些因素？这些因素在多大程度上可以得到解决？在什么时间可以解决？

十、培训经费管理

72. 企业对培训经费的提取、使用与管理是如何规定的？

73. 是否有针对企业内部各个级别的、明确的培训经费标准规定？

74. 是否有明确的培训经费的使用标准？

75. 是否对培训经费的使用情况按照如下方面进行了分析？

- 培训经费在不同课题的使用情况与效果；
- 培训经费在不同岗位受训者的使用情况与效果。

第二章　关于培训讲师

本章结构

第一节　培训讲师的职业生涯

第二节　培训讲师的 20 个经常性错误

第三节　了解你的培训对象——成人学习的基本原则

本章概述

本章主要就培训讲师需要了解的一般性内容做了介绍，包括讲师的职业道路、经常犯的一些错误。作为应该了解的最基本的问题，讲师需要在今后的工作中严格贯彻本章所阐述的这些原则并尽量避免第二节中提到的这些错误。另外，在本章的附录部分，我们提供了作为培训对象的成年人学习的特点与讲师需要关注的基本事项。

第一节　培训讲师的职业生涯

培训讲师（或称为培训师）在中国已经逐渐作为一个新兴职业迅速发展起来，作为从事该职业的人员，国家相关部门或国外的一些机构已经制定并颁布了培训师从业资格与具体要求（见表2-1）。目前，中国培训师的职业资格认证工作主要由中华人民共和国人力资源和社会保障部（原劳动和社会保障部职业技能鉴定中心）负责。

表2-1　培训师的职业生涯规划与担当资历

级　别	中国职业资格级别	主要工作职责、任职资历与基本素质要求
助理培训师	国家职业资格三级	● 大学本科学历（或同等学历） ● 基本了解培训项目管理的基本流程与主要应用工具 ● 基本了解人力资源（尤其是培训）、心理学方面的理论，并具有1～3年的工作经验 ● 协助高级培训师从事培训项目的前期需求调研、项目中期管理与后期评估工作
培训师	国家职业资格二级	● 硕士学位 ● 从事职业培训工作3年以上时间，熟悉培训与发展、心理学方面的理论并有一定的实际工作经验 ● 能够独立、深入发掘企业内部的培训需求并根据实际情况制订整体培训方案

续表

级　别	中国职业资格级别	主要工作职责、任职资历与基本素质要求
培训师	国家职业资格二级	● 具有良好的沟通能力与表达能力 ● 善于学习，能够不断更新知识与观念并应用于培训中 ● 能够独立开发部分课题并成功实施培训 ● 理解并能够应用合适的培训工具来提升课堂气氛 ● 具备与所培训课题相关的工作经验
高级培训师	国家职业资格一级	● 硕士以上学历 ● 从事培训工作五年以上 ● 能根据企业的现状、员工的现状与企业未来经营、管理的需要，系统规划企业的内部培训体系，熟悉课程之间的内在联系 ● 针对所讲述课题，具有多年丰富的工作经验与系统性的理论知识 ● 熟练使用各类培训工具，并具有独立编写培训案例的能力 ● 能够针对某一类学科或课题实施系统性培训

需要说明的是，以上仅是对培训师的职业规划，不包括培训管理与协调人员。以上的资历与素质要求也是根据目前培训行业的实际情况提出的，并非国家相关部门的规定。

第二节　培训讲师的 20 个经常性错误

在《培训探秘》中，盖瑞·凯朗特总结了新入行的培训讲师经常出现的

20 个错误。凯朗特认为，甚至一些经验丰富的讲师也有可能犯下同样的错误，这 20 个错误可以形象表述为“无用的人”与“可怜的结局”，如表 2-2 与表 2-3 所示。

表 2-2 “无用的人”

- 准备不充分（Not being Prepared）
- 内容不充实（Inadequate Content）
- 材料不规整（Not Delivering the Goods）
- 使受训者经常厌烦（Constantly Boring the Trainees）
- 信息过多（Overload of Information）
- 误解组织（Misreading the Group）
- 步骤简单（Poor Pacing）
- 练习的遗漏（Omission of Practice）
- 奇怪和令人困惑的言行表现（Odd or Distracting Visuals or Verbals）
- 对问题把握不准（Poor Handling of Questions）

把每句话的首个单词组合起来，我们就会得到“无用的人”(Nincompoop)——这样更便于记忆。

表 2-3 “可怜的结局”

- 缺乏计划的表达（Poorly Planned Visuals）
- 不恰当的幽默（Offensive or Inappropriate Humour）
- 不适当的穿着（Over-or Under-dressing）
- 超时讲课（Running Overtime）
- 迟到（Running Late for the Start）
- 缺乏眼神交流（Eye-contact Missing）
- 总是背对大家（Showing Your Back too Often）
- 低效地使用多媒体（Under-utilising the Media Available）
- 缺乏感染力（Lack of Enthusiasm）
- 没有结论（Total Lack of Conclusion）

若再把以上几要点的首个字母连起来，且如果讲师确实存在以上错误，那么将会得到一个“可怜的结局”（Poor Result）。

第三节　了解你的培训对象——成人学习的基本原则

成人学习有其固有的一些特点和指导原则——这些特点是讲师在培训前应该认真考虑的，讲师必须熟悉并据此合理设计培训教案，这样，在每一次培训开始前的准备中，它总能帮助讲师做得更完美（见表 2-4）。

表 2-4　成人学习的基本原则

代码	对应原则	基本含义	应用中的注意事项
R	温故知新原则	• 该原则指导我们，受训者以前曾了解过或学习过的内容是最容易被记忆和接受的 • 此原则在彼此独立的两个学习领域得到了很好的应用。第一，可以应用于培训后期内容和项目。第二，可以应用于教授受训者最新最陌生内容和项目。在第一项应用实例中，说明培训讲师经常总结、在培训结束再次强调关键内容是极其必要的	• 尽量将每一次培训安排在相对较短的时间内完成，一般不宜超过 20 分钟 • 一旦培训超过 20 分钟，讲师需要经常扼要重述前面讲授的内容 • 每一次培训的结尾都很重要，应该着重回顾整个培训，强调要点和关键的信息内容 • 应尽量使受训者清晰明了感受到自己学习的进步和改善

续表

代码	对应原则	基本含义	应用中的注意事项
A	适应原则	• 适应原则教育我们，那些所有培训、信息、教育帮助、案例教学和其他的资料必须迎合受训者的兴趣和需要 • 如果培训与这种需求联系不紧密，受训者很快就会失去学习的兴趣和动力 • 培训讲师必须竭尽全力让受训者知道新知识与旧知识的联系之处，帮助他们消除学习新鲜事物的恐慌和无措	• 给予受训者明确而强烈的认同感。带着这些学习的目的和需要，努力使培训的所有内容都符合要求 • 综合运用描写、举例、说明等受训者所普遍熟悉的介绍方法
M	动力原则	• 要取得良好的培训效果，受训者必须要求学、准备学、有理由学。只有受训者有动力去学习，或有学习的渴望，那么他们才会表现得非常积极和突出；同时，这对培训计划的实施以及培训效果的提高都很有帮助 • 只要产生了学习的动力，学习的气氛就会随之改善 • 假若忽视动力原则、忽略了学习材料的相关性，受训者很快就会丧失动力，对学习、培训失去兴趣	• 保证学习材料对培训师和对受训者同样都富有价值 • 不仅受训者对学习要充满求知欲，讲师对培训也必须兴趣盎然。否则，培训的效果也无法体现出来 • 讲师必须针对受训者的学习目的去选择课程内容，并通过告知受训者培训能够针对性地解决他们的问题，来持续地激发他们的学习动力 • 注重从已知发展到未知的教学方法。讲师应该以受训者们熟悉的要点为引子开始培训，再循序渐进开始相关内容

续表

代码	对应原则	基本含义	应用中的注意事项
P	重点原则	• 受训者们第一个学习的要点将是掌握得最好的。所以讲师应该把重点的环节和内容安排在受训者第一印象和第一则信息中 • 非常值得称颂和推广的一个做法就是把培训的梗概和脉络作为提纲在最初开始时就旗帜鲜明地提出来，然后在以后的培训中一点一点地引申出其他相关的要点和内容 • 当受训者被教授如何完成一项任务时，其第一次接纳的信息、方式、方法就必须是正确无误的。众所周知，如果一开始就接受了错误的培训和指导，若想以后重新改正过来，几乎是难以办到的事情	• 由于受训者注意力集中的时间相对有限，因此，需要注意培训应在相对短时间内完成（20 分钟较为适宜）并确保重点内容首先讲授 • 开场白是非常重要的，一定要内容翔实，生动有趣 • 让受训者清楚感受到学习的进步和能力的提高 • 严格把握第一次教授内容的正确性和准确度
2	双向沟通原则	• 培训应该是双向的互动交流，而不是单向的传授——任何一种形式的沟通都应该是双向的 • 当然，这也不意味着整个培训都需要变成一场讨论，这只是强调，培训应该是讲师与受训者之间的互动反应	• 在培训方案中应加入与受训者互动交流的设计和安排 • 讲师的肢体语言也是双向沟通的重要内容，而且还必须与叙述和描绘相匹配

续表

代码	对应原则	基本含义	应用中的注意事项
F	反应原则	● 无论是讲师还是受训者，都必须从对方的回馈信息中找到必要的答案。讲师需要了解受训者的进程和参与程度，受训者需要从反馈中明白自己表现的状况 ● 反应原则也需要有加强的提示。如果我们表扬受训者（正面加强）的积极表现，很有可能导致受训者的发挥超出讲师的预期，而过多的反面批评则可能造成无法实现原定目标	● 受训者经常（也非常）盼望讲师的反应和评价 ● 讲师需要经常观察受训者的反应并随时以各种方式（包括测试、提问等多种方式）获得受训者的反馈 ● 当使用以上方式时，在受训者回答结束后，讲师应以最快的速度对其表现做出明确反应 ● 并不是所有的反应都应该是鼓励的、正面的。正如大家所认为的那样，肯定和表扬仅是反应的一种而不是全部。缺少了否定意见的反应是不完整的，也是无用的 ● 当受训者说或做得正确时，要尽量肯定 ● 为了在开始就有正面的、肯定的反应，讲师必须认真做好培训准备工作 ● 关注受训者学习中的错误与关注他们的可取之处同等重要
A	主动性学习原则	● 当受训者主动地融入培训过程，能够学到更多的知识，这正验证了那句名言："从行动中我们懂得学习" ● 主动学习的另一优点在于将会帮助讲师维持受训者的清醒和注意力的集中——成人一般无法按捺住性子在教室里一坐一整天	● 在指导中多用实践性练习 ● 在指导中多提问题 ● 可以多使用临时测验的方法提高受训者们的学习热情 ● 在教授受训者们如何做时，尽可能让他们自己实际去尝试 ● 如果受训者们坐得太久而未能被提问或未能参与培训过程，他们可能一会儿就瞌睡得抬不起头或根本失去兴趣

续表

代码	对应原则	基本含义	应用中的注意事项
M	多感官学习原则	多感官学习原则告诉我们：如果受训者能运用多重感官去学习，其效果会事半功倍。如果讲师教授受训者一种新型的三明治夹馅，他们可能记住。如果你向他们再展示这个产品，他们大多会记住。可如果让他们去摸，去闻，去尝一下，那么谁还会忘了这种新型的三明治呢	● 在讲解事物时，尽量地展示一下实物 ● 尽可能地引发受训者利用多方位的感觉去学习，但别走题 ● 务必确保所选择感官刺激的有效性。确保受训者在听、看、接触时不存在任何困难
E	练习原则	● 练习原则，指的是“重复学习”和“意象再现”。最好的记忆方法就是重复，让受训者们不断练习、重复新的信息和内容可以提高他们在短期内记忆新信息的可能性和成功率 ● 实际操作中可以这样去做：培训师先讲授相关内容和过程，然后演示大纲和提要，再展示最终产品，最后再让受训者按着要求重复几次 ● 练习也必须保证一定的强度。实验证明，缺乏各类型的训练和练习，受训者将在 6 小时内忘记所学内容的 25%，24 小时之内忘记 30%，在 6 星期内忘记 90% 以上	● 让受训者反复的内容越多，他们能记忆的信息就越多 ● 建议以频繁提问的方法来鼓励经常练习和重复学习 ● 受训者总结也是一种练习，在培训总结结论时也得加强训练 ● 培训过程中应要求受训者多多回忆迄今为止培训中已涉及的内容 ● 要给予受训者实践所学内容的练习机会

为了便于记忆，这些原则可以归纳为“弯道 2 声誉”法（RAMP 2 FAME）：

- 温故知新原则（Recency）。
- 适应原则（Appropriateness）。

- 动力原则（Motivation）。
- 重点原则（Primacy）。
- 双向沟通原则（ 2-way Communication）。
- 反应原则（Feedback）。
- 主动性学习原则（Active Learning）。
- 多感官学习原则（Multi-sense Learning）。
- 练习原则（Exercise）。

第三章　培训项目的开展流程

本章结构

第一节　培训项目的分类

第二节　一般性培训项目的开展流程

第三节　年度性（或系统性）培训项目的开展流程

本章概述

本章主要就培训项目的基本运作流程做了介绍。针对培训项目的特性，本章将培训项目分为一般性培训项目与年度性（或系统性）培训项目，针对两类不同的培训项目分别进行了简单的介绍。

本章的主要内容将在后续章节中陆续展开来详细介绍，因此，本章主要就基本问题进行解释与说明。

第一节　培训项目的分类

培训有多种分类方式，目前主流的分类方式有两大类：企业内训与公开课。两者的主要区别如表 3-1 所示。

表 3-1　企业内训与公开课的区别

对比要点	企业内训	公开课
基本授课方式	● 聘请讲师在企业内部针对相关员工实施培训	● 面向社会公开招生的培训课程，受训者由不同企业、团体的人组成
费用	● 通常人均成本较低，但不排除人均成本高于公开课的成本——这主要是由企业选择的培训课题、讲师的身份等多种因素决定的	● 通常人均成本略高于企业内训课程
与企业需求的切合程度	● 在讲师进行了前期需求调研的情况下 ● 较公开课更能满足企业内部的培训需求	● 企业的共性问题、或一般理论
对受训者人数的限制	● 通常限制在 20 ～ 40 人之间，以确保培训效果	● 通常人数较多

续表

对比要点	企业内训	公开课
适用情况	• 企业有大量具有共性培训需求的待培训人员 • 企业希望针对自身问题，有针对性地进行培训 • 企业将培训作为系统解决问题的工具之一时	• 企业内部存在培训需求但总体受训人数不多时 • 企业采取谨慎的态度准备从外部采购培训课程但需验证其内容时

目前，企业内训也存在两方面的分类方式：按培训需求的产生方式分类与按培训管理的系统性分类。

按照培训需求产生的方式进行的培训通常分为前馈性培训、适时培训与后馈性培训。这种分类方式在某种程度上代表了企业的培训机制是否健全，讲师或培训经理可以通过该分类判断企业培训系统的薄弱环节（见图 3-1 和表 3-2）。

前馈性培训	适时培训	后馈性培训
也称为常规性培训活动，是指企业首先制定前瞻性的培训计划，并在该计划的指导下实施培训活动并追踪培训效果，及时改善培训方案。前瞻性培训多见于培训机制完善的企业，是人力资源促成的重要手段之一。	适时培训，是在前瞻性培训计划的基础上，根据新的培训需求，适时调整培训计划和方案，快速满足新的培训需求。适时培训是快速满足新培训需求的重要策略之一。	后馈培训包括了两种情况： （1）培训需求被动产生，培训作为一种纠正性的手段出现的培训活动。 （2）临时性或突发性的培训活动，受训者较多且大规模对于共性问题开展培训。

图 3-1　按培训需求产生的方式进行的培训分类

表 3-2 从培训分类探求培训机制薄弱环节的工具表

课程实施情况		培训分类					
		前馈性培训		适时培训		后馈性培训	
岗位	课程	次数	比重	次数	比重	次数	比重

培训管理的系统性是指某次培训项目与其他培训项目的内在关系。从这一点出发，培训可以分为一般性培训（或称为“临时性培训”）与系统性培训。通常，系统性培训表现为年度培训计划，因此，本书的部分内容将从年度培训计划的角度来探讨系统性培训的相关问题。

第二节 一般性培训项目的开展流程

一般性的培训项目通常遵循如图 3-2 所示的基本流程。

企业培训的开展通常有两种情况：要么是先有一套成型的培训课程体系，后安排受训者参加培训；要么是在没有系统课程的前提下，先明确受训者的培训需求，后逐渐完善培训课程体系。通常，本着“因岗设人”的原则，我们建议企业首先应该明确各岗位的工作职责与技能标准，确定好培训需求后设计培训方案。之后，结合培训对象的特点设计培训方法与教案。系统整理上述基本思路后，我们可以将一般培训项目的流程界定如下。

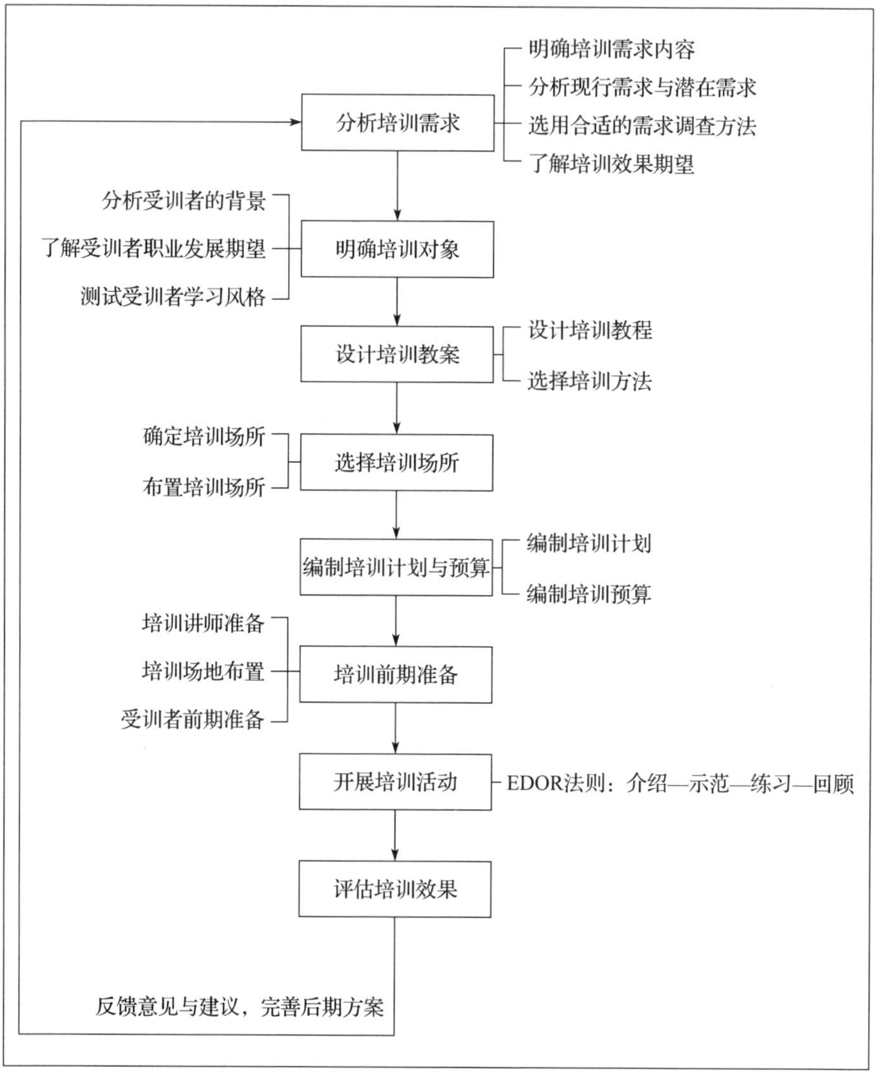

图 3-2　一般性培训项目的组织与实施的基本流程

上述内容将在第四章至第十一章中详细加以解释。

第三节　年度性（或系统性）培训项目的开展流程

年度培训计划，或者针对某个系统性的培训项目，由于涉及的部门多、工作量大，需要建立的培训课程体系具有一定的教育职能，因此，相关的工作需要不同部门的共同参与。图 3-3 以年度培训计划的基本制订思路为例说明了其基本工作流程。具体内容请参见本书第三部分的内容。

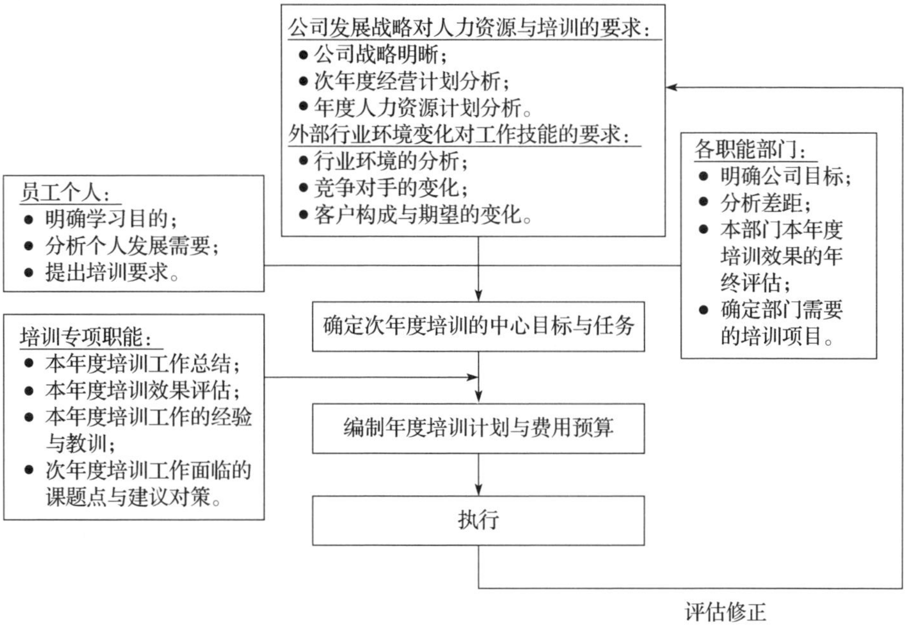

图 3-3　年度培训计划的制订模型

第二部分
一般性培训项目的运作工具箱

THE TRAINER'S TOOL BOX

第四章　培训需求分析

本章结构

第一节　培训需求的信号

第二节　培训需求评估

第三节　需求分析的信息来源

第四节　需求分析的步骤

第五节　培训需求的调查技术

第六节　明确培训内容

第七节　制订培训目标

本章概述

本章从培训需求的信号开始，系统介绍了培训需求分析阶段应该进行的工作。

第一节　培训需求的信号

分析培训需求是设计培训课程与教案的前提条件。培训需求应该理解为通过培训可以解决的问题，例如，大客户销售技能与售后服务技巧可以通过培训传授给每个受训人员。只有适合企业特色和受训者特征的定制化的课程才能真正适合企业的需求。

企业的培训需求通常可以进一步划分为被动产生的培训需求与主动产生的培训需求。被动产生的培训需求指为了对应出现的问题而被动采取的培训，例如，当企业收到市场普遍反映的产品质量下降这类信息后而采取的、旨在提高产品质量所进行的培训可以归类为被动培训需求。主动产生的培训需求是指企业为了顺应业务的开展、人才的培养或管理的需要而提出的、具有前瞻性的培训需求。关于主动培训需求与被动培训需求常见的一些信号可以基本归纳为表 4-1。

表 4-1　培训需求信号

培训需求信号	信号的表现	对培训的影响
正面信号（主动产生的培训需求）	● 公司销售额的激增和业务区域的扩大 ● 内部升迁 ● 岗位轮换	● 通常表现为培训活动的计划性和前瞻性 ● 需要讲师与相关业务部门密切配合，以确保培训需求被正确开发

续表

培训需求信号	信号的表现	对培训的影响
正面信号（主动产生的培训需求）	● 请外部的专业机构（如专业的咨询公司、培训公司）进行诊断后提出培训改善建议	● 培训也经常作为咨询的关联项目开展，即通过咨询项目提出系统性解决方案，通过培训使受训人掌握应用这些解决方案的必要技能、经验等
负面信号（被动产生的培训需求）	● 工作质量低 ● 来自公司内、外部的抱怨增多 ● 过高的员工流动率 ● 工作中经常出现失误 ● 无法按时按质完成公司分配的任务 ● 公司无法承担超出自己能力的项目	● 培训需求较为明显，但需要分析培训是否是解决问题的最佳手段或培训是否能够真正从本质上解决问题

在分析培训需求时，有个很关键的因素就是正确界定培训作为解决问题的手段可以发挥的作用。通常认为，培训是一种积极的对应问题的手段，但是，往往是一种辅助手段，图 4-1 就列出了培训在解决问题中的作用以及进行需求分析的主要流程。

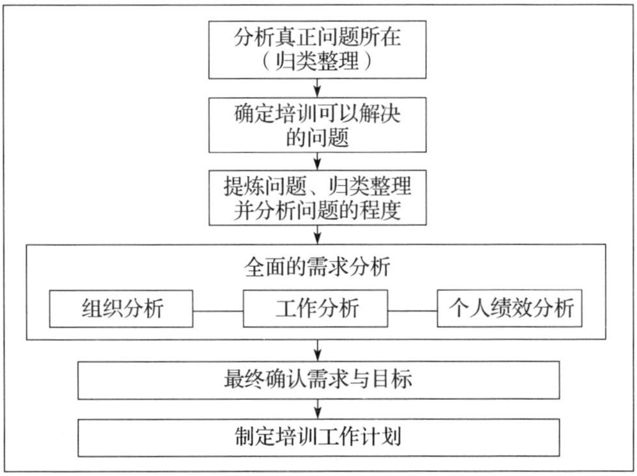

图 4-1　培训在系统解决方案中的位置与需求分析的流程

第二节 培训需求评估

培训需求评估主要包括三方面的工作：组织分析、工作分析与个体绩效分析（有时，也会根据工作需要，进行单项任务分析）。这几方面的分析是三位一体的，由综合分析到单项分析、由总体分析到个体分析、由抽象分析到具体分析，由大至小逐步明确培训需求（见表 4-2）。

表 4-2 培训需求分析

需求评估的方向	说明
组织分析	● 确定组织范围内的培训需求，包括对组织目标、资源和环境的分析，以及对人力资源重要或关键方面进行分析。从企业组织内外的对比分析中，从生产经营过程的现状和问题的对比分析中，确定企业的人才需求结构，进而确定培训的目标与计划大纲 ● 组织分析的关键问题可以如表 4-3 所示
工作分析	● 即按照企业职务工作标准和相当职务所需的能力标准（即“职能标准”），对各部门、各职务工作（岗位）状况，主要是对担当工作的职工及职工的工作能力、工作态度和工作成绩等，进行比较分析，以确定企业组织成员在各自的工作岗位上是否胜任所承担的工作，进而确定企业培训的需求结构 ● 有关职能标准的工具表主要包括《岗位职责说明书》(见表 4-4）与《××公司岗位 - 培训课程体系表》(见表 4-5）

续表

需求评估的方向	说　明
个体绩效分析	● 逐一对职工的工作过程和工作结果以及工作态度进行考核评价，尤其对那些关键工作、关键岗位的人员素质进行测评，以确定需要培训的内容和人员 ● 对个体绩效分析中需要进行的项目如表 4-6 所示
任务分析	● 任务分析主要是针对单项任务而实施的，是一种临时性的培训需求分析方法 ● 任务分析不同于其他分析的方法在于，任务分析具有临时性、随意性强、专家意见占主导作用等特点 ● 关于任务分析的具体做法如表 4-7、表 4-8 与表 4-9 所示

目前，一种称之为“能力素质模型”的工具在人力资源管理中，尤其是培训与发展中应用广泛。该模型也主要是在进行了工作分析与个体绩效分析之后设计的，主要分为基本能力素质模型、核心能力模型与扩展能力模型。由于各个企业对这几个基本层面的模型定义不是很统一，因此，在本书中不做过多解释。

应用工具箱

表 4-3　组织分析的要点

方向	主要分析要点
企业的战略目标	● 外部环境将发生什么变化 ● 组织的战略将相应产生什么变化 ● 战略变化后对企业内部的各类管理与技能要求提出了哪些新的要求 ● 对培训有什么新的要求
企业的资源	● 未来一段时间内企业内组织架构方面将产生什么新的变化 ● 将有哪些岗位会有新员工入职？将在什么时候入职？培训的适宜时机是何时

续表

方向	主要分析要点
企业的资源	● 有哪些岗位的员工将升职？应安排什么培训帮助他们尽快适应新角色或新岗位？未来一段时期内将有哪些员工调换工作岗位？是否需要我们准备提供帮助
企业的环境	● 软环境：是否存在影响技能实施的因素？如果有，具体有哪些因素？这些因素是如何影响技能实施的？可以在多大程度上被改变 ● 硬环境：企业内部是否有足够的费用与器材支持培训？企业高层是否愿意在培训场地、器材、讲师等方面继续投资

表 4-4　岗位职责说明书（以 K/A 经理为例）

岗位职责说明书			
职位名称	大客户经理	职位编号	SM-006
隶属部门	特殊渠道部	直接上级	特殊渠道部总经理
工作关系	可直接晋升的职位：特殊渠道部总经理		
	可平行调动的职位：销售部经理		
	可直接管理的职位：大客户主管		
岗位职责	● 负责制定大客户开发战略，建立公司的大客户销售渠道； ● 在公司统一政策的指导下，协助特殊渠道部总经理制定大客户的销售政策； ● 对大客户进行维护与跟踪； ● 协调本公司内部与客户方相关工作的开展		
任职要求	所需学历与专业	最低学历：大学本科 专业：市场营销、管理 其他说明：经济学等专业非应届毕业生也可以考虑	
	所需工作经验	● 本公司大客户主管工作两年；或其他公司类似工作三年	

续表

任职要求	基本素质要求	● 有强烈的责任感和事业心 ● 有敬业精神和团队合作精神 ● 认可公司的经营理念 ● 遵守规章制度 ● 能够服从公司的统一安排
	性格特征	● 性格开朗 ● 较强的沟通能力 ● 待人接物真诚、有热情 ● 有一定的心理承受能力，敢于接受挑战和压力 ● 有开拓与创新精神
所需技能培训	● 入职培训：有效沟通、时间管理、管理技巧 ● 中级培训：销售信用管理 ● 高级培训：大客户战略管理、全面客户服务管理	

表 4-5　× × 公司岗位 - 培训课程体系表

× × 公司岗位 – 培训计划管理表

说明：

- 该表列明了本公司各个职能部门与对应岗位应具备的基本技能要求与相应培训课程，员工可以根据自己的实际情况与本部门经理、培训部协商，确定自己是否有必要参加相应培训
- 该表所列的课程是由企业内部统一组织的培训课程
- “入职”表示第一次从事该岗位工作，“中级”表示从事该工作 1 ～ 2 年，“高级”表示从事该工作 3 ～ 5 年

部门	工作岗位	入职水平培训课程	中级水平培训课程	高级水平培训课程
销售部	1			
	2			
市场部	1			
……				

表 4-6　个体绩效分析的主要内容

企业层次	员工层次
组织结构设计	是否了解工作内容与绩效标准
岗位设计	是否胜任现有工作
各岗位职责	是否愿意从事该工作
各岗位的主要工作任务	企业理想的工作绩效与受训者之间的工作绩效是否有差别？在哪些方面有差别
各岗位的基本任职要求	受训者个人认为绩效达不到预期目标的原因是什么
各岗位的基本素质要求	受训者个人认为需要哪些方面的培训
各岗位的理想工作绩效	受训者是否有强烈的培训动机
各岗位的培训计划与执行情况	受训者期望通过培训达到的目标

表 4-7　任务分析的内容

任务分析的内容	具体说明
关键工作	主要分析企业或员工完成工作任务所应具备的知识、技能、工作绩效状况
工作标准	主要分析企业或工作任务的发展以及这些工作对员工在知识、技能、态度或行为等方面的要求
员工实际水平与任务之间的差距	员工实际水平与任务之间的差距，主要分析员工现有水平（包括知识、技能等方面）与企业工作任务发展所需水平之间的差距

表 4-8　任务分析的程序

	基本流程	主要内容
第一步	需要执行的任务与要求	• 待执行或完成的任务是什么 • 执行该工作任务的频率 • 完成该项任务需要的时间 • 该工作任务对业绩的重要性 • 该工作任务的难度 • 完成任务的标准是什么 • 完成任务需要具备什么技能与素质要求 • 什么样的人选将是最合适的
第二步	分析准备执行这些任务的工作岗位与具体执行人员	• 谁将去执行或完成任务 • 需要谁在该任务中扮演什么角色 • 他们目前的技能或素质是否满足要求？如果不能满足要求，具体在哪些方面不能满足要求 • 培训或外聘将分别发挥多大作用
第三步	分析关键控制点，拟订培训计划	• 该任务将经过哪些关键过程得以实施并完成 • 关键控制点是什么 • 我们将怎样去开展培训以满足完成任务的要求

表 4-9　任务分析的方法

方　法	说　明
设定衡量标准	对于各个任务，要从执行频率、重要性、难度等多个方面进行评定，设计评分标准，以便综合衡量是否需要培训
借助于专家意见	由于任务分析中主观因素比较重，因此，借助于专家的意见进行任务分析是比较重要的
关注关键任务	由于岗位工作的任务繁多，分析其中的关键任务可以提高任务分析的效率和质量。一般说来，岗位中的重点任务项目，都是培训所应该关注的内容

第三节　需求分析的信息来源

当讲师进行培训需求分析时，应该着重分析和收集以下类型的信息，如表 4-10 所示。

表 4-10　培训需求分析的信息来源

直接信息	有助于需求分析的其他信息来源
● 工作角色 ● 工作过程 ● 工作难题 ● 任务表 ● 任务困难点 ● 任务重要性	● 突发事件报告 ● 公司计划、政策、方案 ● 访谈失败率 ● 失误频率 ● 规章制度 ● 抱怨和意见 ● 旷工状况 ● 质量控制报告 ● 市场调研报告 ● 表现评估 ● 观察情况 ● 测试 ● 工作分析

以上的这些信息可以通过查阅工作报表、内部会议记录、进行访谈、共同工作等多种方式获得，具体的方法可以参阅本章第五节的内容。

第四节　需求分析的步骤

常规的培训需求分析应遵循以下的逻辑步骤，如表 4-11 所示。

表 4-11　培训需求分析的基本步骤

1. 熟悉公司组织结构
2. 熟悉公司财务状况
3. 熟悉公司的组成和员工
4. 设计合适的调查方法来帮助确认培训需求
5. 确认是培训需求还是管理问题
6. 决定培训还是维持现状不变
7. 为弥补差距设计培训
8. 开展、进行培训
9. 评估培训结果
10. 对比培训后确认的问题与原有确认问题
11. 如有必要调整和修正培训课程

这 11 个步骤是一个完整培训需求分析的步骤。通常，从第 1 步至第 7 步是一般培训需求分析的基本步骤，其后就应该实施培训。值得注意的是，进行培训评估并不意味着整个培训活动的结束，确认培训对绩效的推动作用并采取后续措施（如相应修改培训内容或采取其他措施促进培训效果转化为生产力）才是讲师应该关注的重点——讲师应该在培训结束后重新审视最初的培训需求并做出适当更正，所以，从大方向来讲，完整的培训需求分析应该包括了这 11 步。

第五节　培训需求的调查技术

在培训需求调查中，正确地应用相关技术（或称为方法）可以提高需求调查的有效性，同时讲师也可以通过需求调查，与受训者进行前期的接触。培训需求调查的基本原则如表 4-12 所示。

表 4-12　培训需求调查的基本原则

原　　则	说　　明
确保一定的样本量	一定的样本量可以确保培训需求的公允性
讲师本人应该参与需求调查	经验表明，通常情况下，企业的培训需求是模糊的，或者说是不明确的。讲师应该参与具体的需求调查并从多方面获取信息
需求的调查应该全方面开展	也有人将此称之为“360 度需求调查”，意指为了获得全面的、客观的基本信息，讲师（有时是培训主管协助相关工作的开展）不仅需要针对受训者开展需求调查，也要根据具体情况，面向受训者的上级、企业内部协作部门、外部客户、最终用户展开调查（当然，由于工作量较大，这需要根据具体情况具体分析是否有必要进行）
保密与客观	保密与客观原则是确保受训者真正敞开心扉与讲师坦诚沟通的主要原则，否则，讲师将难以发现问题的本质并明确培训的作用。所以，讲师应该从调查开始时就向受训者说明保密的原则并获得他们的支持，在整个需求调查过程，甚至于培训结束后讲师也要对相关调查资料保密

应用工具箱

调查培训需求主要采用的技术（或方法）包括了观察法、问卷调查法、访谈法、督导法等（见表 4-13）。

表 4-13　培训需求调查技术一览表

调查技术	说明	优点	缺点	应用注意事项	示例
观察法	• 观察法是指讲师、培训主管通过与受训者一起工作，或者通过受训者的部门经理、同事对其工作进行观察、评价后确定培训需求的方法	• 通过与受训者一起工作来分析培训需求是一种有实效的方法，可以直接发现受训者的长处、不足以及工作中的难点	• 由于每个人的能力各有高低，工作经验也不尽相同，因此，对于问题的界定和解决思路是不完全一样的。这就要求在综合考虑员工的工作背景、学历、经验、在公司服务的年限、对公司业务的熟悉程度等多种因素的基础上确定客观的评估标准，但现实情况是，不少企业缺乏这样的标准 • 只有连续的观察过程才是有效的，这就决定了使用该种方法周期长	• 观察法往往需要与其他方法配合使用，如访谈法或问卷法 • 观察法是一种连续性的培训需求调查方法，较长的周期、部门间的通力协作和较高的运作成本决定了该方法只适用于企业培养后备专业人才和高级管理人员，观察法经常与个人的职业发展计划紧密结合在一起 • 当由受训者的上级或其他人负责观察其工作表现时，应该相应提交《观察报告》，为培训部门提供参考 • 观察法也常常使用于对照组，用于修正培训需求与内容	表 4-14

续表

调查技术	说明	优点	缺点	应用注意事项	示例
问卷调查法	● 问卷调查法是指通过发放问卷调查培训需求的方法 ● 从调查问卷设计的内容和发放的对象来区分，调查问卷可以分为由企业外部的培训讲师使用的、面向企业的培训主管派发的问卷和适合企业内外部讲师使用的、面向受训者派发的问卷	● 问卷调查法是一种很有效的沟通方式，通过开放式问题与封闭式问题的综合使用，讲师可以引导被调查者自由发挥，充分描述自己的观点、看法，并据此确定培训需求	● 使用调查问卷也不可避免会出现以下问题，从而影响调查效果的真实性 ● 受训者（被调查人）是否能够真实、认真填写问卷 ● 如果讲师无法清晰设计问卷，则可能无法获得期望得到的信息 ● 由于无法进行双向式沟通，调查的范围受制于问卷的设计与内容，存在无法获得潜在信息的风险	● 问卷的发放与反馈。要获得足够的样本采集量才能获得较为全面的信息 ● 问卷长度。采用问卷调查时，要留给被调查人充裕的时间思考，对于疑惑的部分要给予清晰解答。设计的问卷也要确保在合适的时间内（通常 15 ～ 30 分钟）完成 ● 为避免理解上的歧义，对问卷中出现的、必要的名词和术语要给予必要的解释	表 4-15 表 4-16 表 4-17 表 4-18

续表

调查技术	说明	优点	缺点	应用注意事项	示例
访谈法	• 访谈法是指通过与受训者本人或其同事进行面谈以确定培训需求的调查方式	• 这种交互式的调查方式可以避免因问卷设计不当或其他原因带来的弊端，便于双方在平等的氛围下沟通，共同分析、确认培训需求，也有利于发掘潜在的培训需求	• 如果不注意访谈技巧，则容易给访谈对象造成一定的压力，不利于信息的获取	• 使用访谈法，需要调查人具备高超的沟通技巧，通常，这类工作应该由讲师担纲。如果访问量大或访问内容较多时，讲师也可以请其他人协助进行 • 讲师应在访问之前列好提纲 • 尽量提出启发性问题。讲师在提问时，最好避免访谈对象只用“是”“否”或“对”“错”就能回答的问题。如果提出的问题对方仅仅用“是”或者“否”来回答，获取的信息显然对调查没有意义。心理学的研究表明，绝大多数的人喜欢别人倾听自己的谈话，所以，讲师要利用简单有效的提问，使访谈对象不断说话，并在此基础上提出更深入细致的问题	表 4-19

续表

调查技术	说明	优点	缺点	应用注意事项	示例
访谈法	● 访谈法是指通过与受训者本人或其同事进行面谈以确定培训需求的调查方式	● 这种交互式的调查方式可以避免因问卷设计不当或其他原因带来的弊端，便于双方在平等的氛围下沟通，共同分析、确认培训需求，也有利于发掘潜在的培训需求	● 如果不注意访谈技巧，则容易给访谈对象造成一定的压力，不利于信息的获取	● 建立平等沟通的氛围。讲师需要注意，有效的信息源自平等的沟通。审问式、或咄咄逼人的沟通方式，会使访谈对象产生被胁迫的感觉，因此，会增加他们的戒心，甚至招致反感。大量地使用封闭式的问题会造成审问式的交谈结果。可以通过“开　放＋封闭”的提问方式来避免，如“您希望接受什么样的技巧方面的培训？……是时间管理方面的还是谈判技巧？”这样，通过开放式问题，让被调查者多说一些，并在此基础上，不断有意识地将被调查者引向自己的方向，最终达到调查的目的	表 4-19

续表

调查技术	说明	优点	缺点	应用注意事项	示例
督导法	• 督导法是一种类似于观察法的需求调查方法。不同之处在于它更适用于多个相关部门共同确定培训需求。例如，市场部、运营督导部等相关职能部门的主要工作职责除了为销售部门提供必要的支持外，还要通过在市场的巡回活动监督销售部门的运作，可以通过督导法从本质上将是对这些部门职能的强化	• 便于各部门从协作的角度共同确定培训需求	• 如果运用不当，很容易造成部门之间的互相推诿	• 需要企业有完善的组织结构与岗位职责分工 • 需要企业建立合理的工作流程并通过公司文化、政策制度等手段创建合作的平台 • 建立明确的督导标准与奖罚措施	

续表

调查技术	说明	优点	缺点	应用注意事项	示例
差距分析法	● 差距分析法是通过分析业务要求与员工现有实际能力的差距进而判断培训需求的方法	● 差距分析法既可以用于目前员工工作能力差距的分析，也可以对为满足未来业务发展而需要进行的知识储备进行分析	● 如果没有明确的、公认的工作标准与目标标准，则很难得到客观的结论	● 需要明确的技能标准与客观的评估标准	表 4-20

表 4-14　确定培训需求使用的《观察报告》

<table>
<tr><td colspan="4">观察报告</td></tr>
<tr><td>被观察人姓名</td><td></td><td>部门</td><td></td></tr>
<tr><td>报告提交人</td><td></td><td>提交日期</td><td></td></tr>
<tr><td>观察期间</td><td colspan="3"></td></tr>
<tr><td>观察项目</td><td colspan="3">□ 专业知识　□ 工作技能
□ 思维　□ 观念　□ 心理</td></tr>
<tr><td colspan="4">观察内容评估：
分数说明：5- 优秀，4- 较好，3- 一般，2- 较差，1- 极差
<table>
<tr><td>考核项目</td><td>考核内容</td><td>评分</td></tr>
<tr><td rowspan="6">专业知识</td><td>● 对公司整体业务与发展方面的了解</td><td>5 4 3 2 1</td></tr>
<tr><td>● 对公司业务流程与相关规定的了解</td><td>5 4 3 2 1</td></tr>
<tr><td>● 对自己专职工作的了解</td><td>5 4 3 2 1</td></tr>
<tr><td>● 对自己负责业务的关联知识的了解</td><td>5 4 3 2 1</td></tr>
<tr><td>● 对行业基本情况的了解</td><td>5 4 3 2 1</td></tr>
<tr><td>● 对竞争对手的了解</td><td>5 4 3 2 1</td></tr>
</table></td></tr>
</table>

续表

考核项目	考核内容	评分
	• 对自己负责销售区域的了解	5 4 3 2 1
	• 对客户业务的了解	5 4 3 2 1
	• 对客户主要负责人的个人情况的了解	5 4 3 2 1
	• 对客户经营动向的了解	5 4 3 2 1
	• 对本公司业务开展的建议	5 4 3 2 1
工作技能	• 销售开启的技巧	5 4 3 2 1
	• 谈判技巧	5 4 3 2 1
	• 推销技巧	5 4 3 2 1
	• 聆听与倾听	5 4 3 2 1
	• 异议处理	5 4 3 2 1
工作态度	• 是否具有主动意识	5 4 3 2 1
	• 是否愿意与他人合作完成工作	5 4 3 2 1
	• 是否能够始终如一保持积极的工作热情	5 4 3 2 1
	• 是否严格遵守公司的规章制度	5 4 3 2 1
	• 是否具有时间观念	5 4 3 2 1
	• 是否具有强烈的学习意识	5 4 3 2 1
工作习惯	• 工作报告的撰写	5 4 3 2 1
	• 次月工作计划的制订	5 4 3 2 1
	• 市场巡回计划	5 4 3 2 1
	• 组织会议的技巧	5 4 3 2 1
	• 销售工作准备	5 4 3 2 1
	• 时间管理	5 4 3 2 1
经营理念	• 对公司存在社会价值的了解	5 4 3 2 1
	• 对企业核心价值观的了解	5 4 3 2 1
	• 对企业纲领的了解	5 4 3 2 1
	• 是否在工作中贯彻了公司理念	5 4 3 2 1
	• 是否向客户传播了公司的理念	5 4 3 2 1

续表

对观察内容未尽事宜的说明：
待改善问题点的详细说明（问题点、原因、改善建议、改善目标）
培训管理部门计入栏

表 4-15　培训需求调查问卷（面向企业培训组织者派发）

培训需求调查问卷
尊敬的____________： 您好！ 非常感谢您对本公司的关注。 为了能够为贵公司提供更为专业化的培训服务，我们特意设计了本问卷，旨在进一步详细了解贵公司的培训需求与期待达成的目标，因而，希望贵公司能够真实、具体、详细、慎重地回答以下问题，如有补充，可附加在问卷后面。 请按照题目的顺序依次回答所有问题，并于　年　月　日前将回答完毕的问卷按照本问卷最后部分的要求返还给我们。 我们将对贵公司提交的任何资料严格保密。 非常感谢您的合作。 年　　月　　日
1. 贵公司的主要业务范围。 2. 贵公司主要的组织结构、部门职责与主要业务流程。 3. 贵公司主要领导人的姓名与简历。 4. 贵公司希望借助于本次培训解决什么问题？达到什么目的？ 5. 贵公司本次培训对象的具体岗位名称以及岗位职责。 6. 贵公司本次培训对象的基本素质（如学历、年龄等）以及专业素质（工作经验、专业特长、兴趣点）状况。 7. 贵公司之前接受过何种培训？培训的具体内容是什么？效果如何？请分析其原因并在此基础上结合本次的培训需求提出具体的培训要求

续表

序号 时间 培训课题 执行公司 培训效果 原因分析 对本次培训的要求和期望： 8. 其他需要说明的问题 （本公司将对贵公司提供的所有资料和信息严格保密）
请将完成的问卷以以下方式返回： 时间：　年　月　日　时前 方式：○　邮件　○　微信　○　快递　○　人员现场回收 地址（或地点）： 传真： 如有任何疑问，请与__________联系（电话：　　电邮：　　）

表 4-16　营销培训需求调查问卷（面向受训者派发）

营销培训需求调查问卷
请标出您认为最合适的描述。 1. 请问您的工作是： □ 直接向董事会汇报的总经理，CEO 或高级执行人 □ 负责各级主管的经理人、高级项目经理 □ 主管、项目经理、产品经理（请说明您的部门名称：__________） □ 销售部工作人员 □ 市场部工作人员 □ 助理 □ 促销员主管 □ 现场促销人员 □ 其他（请说明：__________） 2. 您在目前这个岗位上工作了多长时间？ □ 少于 1 年 □ 1 至 2 年 □ 2 至 3 年 □ 3 至 4 年 □ 4 年以上 3. 请回顾一下：在日常业务中您所遇到的最大的困难是什么？什么时间遇到的这个困难？当时的情形是怎样的（请给予简单的描述）？发生时谁（仅给出职务头衔即可）参与了？困难是如何解决的？当时为什么认为是困难的？ 4. 接第 3 题，当时您采取了什么对策？对策的结果如何？现在看来，您是否会采取不同的对策？你是否有更好的建议？

续表

5. 接第4题，您是否认为这样的问题普遍存在于贵公司类似岗位？为什么？公司是否有统一的对策？如果没有，为什么？

6. 为了满足企业业务发展的需求，不同的部门和岗位会对从事该工作的人有基本的技能、经验要求。对于下列技能，请依照贵公司的标准评定其重要程度。在中间一栏的数字中，1代表根本不重要；2代表略微重要；3代表重要；4代表比较重要；5代表非常重要。为了达到公司要求的技能标准，请在右栏标出您认为对此进行培训的必要性，其中，1代表不需要；2代表某种程度上需要；3代表需要；4代表特别需要；5代表强烈需要。

技能标准		重要程度	培训的必要性
1	沟通与团队合作	1 2 3 4 5	1 2 3 4 5
2	问题解决	1 2 3 4 5	1 2 3 4 5
3	时间管理	1 2 3 4 5	1 2 3 4 5
4	学习能力	1 2 3 4 5	1 2 3 4 5
5	促销管理	1 2 3 4 5	1 2 3 4 5
6	营销技巧	1 2 3 4 5	1 2 3 4 5
7	商业谈判	1 2 3 4 5	1 2 3 4 5
8	活动策划	1 2 3 4 5	1 2 3 4 5
9	销售激励	1 2 3 4 5	1 2 3 4 5
10	战略营销	1 2 3 4 5	1 2 3 4 5
11	客户服务	1 2 3 4 5	1 2 3 4 5
12	项目管理	1 2 3 4 5	1 2 3 4 5
13	市场研究	1 2 3 4 5	1 2 3 4 5
14	渠道管理	1 2 3 4 5	1 2 3 4 5
15	领导力	1 2 3 4 5	1 2 3 4 5
16	其他课题	1 2 3 4 5	1 2 3 4 5

续表

7. 请在下面按重要性由高到低列出您认为工作、培训中需要改进的地方，其中 1 表示最重要。

重要程度顺位 / 课题点	具体内容说明
1	
2	
3	

8. 您期望在什么时候接受上述培训？
培训周期跨度：□ 3 天以内　□ 1 周　□ 2 ～ 4 周　□ 4 周以上
培训时段安排：□ 上班时间　□ 晚上时间　□ 周末时间
单元培训时间：□ 50 分钟　□ 90 分钟　□ 120 分钟　□ 150 分钟
培训开展的形式：□ 脱产　□ 外派　□ 实习　□ 聘请外部专业人员讲课　□ 其他
9. 其他建议与要求：

非常感谢您的参与，请于　　　月　　　日前将本调查表交到以下地址：

表 4-17　管理培训需求调查问卷（面向受训者派发）

管理培训需求调查问卷
请标出您认为最合适的描述或回答以下问题。 1. 请问您的工作部门与工作岗位： 2. 您在目前这个岗位上工作了多长时间？ □ 少于 1 年 □ 1 至 2 年 □ 2 至 3 年 □ 3 至 4 年 □ 4 年以上 3. 您希望接受什么方面的培训？ □ 目标管理和绩效考核 □ 薪酬福利管理 □ 企业文化建设 □ 有效授权技巧 □ 部门主管（经理）的综合管理技能培训 □ 高绩效团队 □ 项目管理 □ 非财务人员的财务管理 □ 商务谈判技巧 □ 其他：请详细说明

续表

4. 您期望在什么时候接受上述培训？ 培训周期跨度：□ 3 天以内 □ 1 周 □ 2 ～ 4 周 □ 4 周以上 培训时段安排：□ 上班时间 □ 晚上时间 □ 周末时间 单元培训时间：□ 50 分钟 □ 90 分钟 □ 120 分钟 □ 150 分钟 培训开展的形式：□ 脱产 □ 外派 □ 实习 □ 聘请外部专业人员讲课 □ 其他 5. 其他建议与要求： 非常感谢您的参与，请于　　月　　日前将本调查表交到以下地址：

表 4-18　技术培训需求调查问卷（面向受训者派发）

技术培训需求调查问卷
请标出您认为最合适的描述。 1. 请问您的工作部门与工作岗位： 2. 您在目前这个岗位上工作了多长时间？ □ 少于 1 年 □ 1 至 2 年 □ 2 至 3 年 □ 3 至 4 年 □ 4 年以上

续表

3. 您希望接受什么方面的培训？

培训分类	详细说明
解决工作中难题的培训	
重要技术方面的例行培训	
增强业务技能与专业知识的培训	
其他	

4. 您期望在什么时候接受上述培训？

培训周期跨度：□ 3 天以内　□ 1 周　□ 2 ～ 4 周　□ 4 周以上

培训时段安排：□ 上班时间　□ 晚上时间　□ 周末时间

单元培训时间：□ 50 分钟　□ 90 分钟　□ 120 分钟　□ 150 分钟

培训开展的形式：□ 脱产　□ 外派　□ 实习　□ 聘请外部专业人员讲课　□ 其他

5. 其他建议与要求：

非常感谢您的参与，请于　　　月　　　日前将本调查表交到以下地址：

表 4-19　培训需求访谈提纲

<table>
<tr><th colspan="3">培训需求访谈提纲</th></tr>
<tr><td colspan="2">被访问者姓名：</td><td>时间：</td></tr>
<tr><td colspan="2">访问者姓名：</td><td>地点：</td></tr>
<tr><td>编号</td><td>问题</td><td>回答要点</td></tr>
<tr><td>1</td><td>请您介绍一下贵公司的情况？比如销售额、商圈分布等。有没有特别的情况，如新工厂的成立或准备清除非营利业务，或推出新产品、服务？组织准备如何做</td><td>销售额：
商圈：
特别情况：</td></tr>
<tr><td>2</td><td>为什么您的组织现在有培训方面的需求？是不是有什么因素促使企业开展这方面的工作？这样的促成因素包括什么</td><td>原因：
促成因素：</td></tr>
<tr><td>3</td><td>在高层中谁在拥护这项工作的进展？为什么</td><td></td></tr>
<tr><td>4</td><td>在培训需求分析中贵公司是否在寻求特定信息？在此基础之上会促成什么决定吗</td><td>可以寻求的特定信息：
促成的决定：</td></tr>
<tr><td>5</td><td>期望结果什么时候达成？为什么是那个时间</td><td></td></tr>
<tr><td>6</td><td>培训的对象是谁？培训应该侧重于整个组织和所有的业务单元，还是侧重于最需要进行的部门</td><td></td></tr>
<tr><td>7</td><td colspan="2">培训开展的地区有哪些？培训是应该侧重于整个组织所有的地理区域还是那些最需要进行培训的地区</td></tr>
</table>

续表

8	您认为何种形式或方法可以最快、最有效使用并通过培训产生效果？您认为何种形式或方法会使培训最困难、最没有效果
9	对于培训的预算是多少？有什么样的因素制约着预算
10	贵公司谁将作为合作双方的联络人？是专门负责还是兼职负责
11	贵公司将如何使用这些培训需求调查结果？是强制进行培训还是劝说员工主动参与
12	培训需求调查完毕后，针对分析结果多长时间可以安排相关的培训内容
其他需要说明的情况	

表 4-20　差距分析表

差距分析表							
部门： 报告人：							
业务内容	任职要求	现状	改善目标	培训需求	培训方式	培训负责人	考核日期
确保客户订、发货系统流程的优化	熟悉订单管理流程	客户抱怨目前的订货周期（7天）过长	在3月31日前通过流程的优化将目前的订单处理压缩为4天；为了满足这一目标，需要导入计算机辅助管理系统	员工需要进行相关流程再造、计算机辅助管理系统的培训	脱产，由软件供应商提供必要服务	由公司物流部与培训部共同负责该培训计划	3月29日完成员工基础知识培训，3月31日完成系统的调试，同日员工上机练习

第六节　明确培训内容

大量的研究表明，企业的培训主要从五个方面开展，即专业知识、工作技能、思维、观念与心理，如表 4-21 所示。

表 4-21　培训内容类别

培训内容的类别	说　明
专业知识	● 专业知识是从事本职工作所应该掌握的理论体系和知识储备。对于企业而言，专业知识不仅包括那些显而易见的知识，例如，本企业相关产品知识，也要了解那些非显性的知识，如该产品所具有的特性能够为消费者带来的利益点（如提供舒适的生活体验等） ● 专业知识也应该包括对竞争和竞争对手的正确认识和了解，如谁是我们现在的和潜在的竞争对手、他们的产品或服务具有什么特征、他们是如何认识这些特征的、这些特征能够为消费者带来什么样的利益点、我们如何看待他们的产品等 ● 专业知识也应该包括企业的主要客户知识。这包括了客户的主要介绍、做生意的风格、主要负责人的个人资料和与本公司的历史交易数据
工作技能	● 工作技能培训的目标是强化受训者将知识转化为生产力的能力，例如，沟通技巧、销售开启的技巧、谈判、异议处理等，都是企业销售人员所应该具备的工作技能

续表

培训内容的类别	说　明
思维培训	● 思维培训的主要任务是使受训者的固有思维得以创新、改进
观念培训	● 对个人而言，观念是长期生活、工作经历的沉淀，人的行动会遵循其观念而形成一定的惯性和习惯 ● 观念培训的主要任务是使受训者持有的与外界环境不适应的观念得以改变，这就包括了企业核心价值观、存在的社会价值、企业文化等一系列“软件” ● 观念的培养不是一朝一夕可以完成的，也不是通过简单的讲座就可以影响员工的，这需要企业切实将经营理念贯彻于日常工作中 ● 对受训者观念的培训也就是提升个体对组织与外部环境适应性的过程
心理培训	● 现代教育理论认为，普通人只能应用自己全部能力的5%～8%，还有大量的潜力没有开发出来，这些潜能的开发主要依靠院校后继续教育与培训完成 ● 心理培训的主要任务是开发受训者的潜能，其主要目的是通过心理的调整，引导他们依靠自己去开发自己的潜能

第七节 制订培训目标

通常，培训目标是在完成培训需求分析后应该进行的工作，主要是分析培训具体能够解决哪些方面的问题，解决到什么程度。通常，培训目标可以使用如图 4-2 所示的目标描述模型来描述。

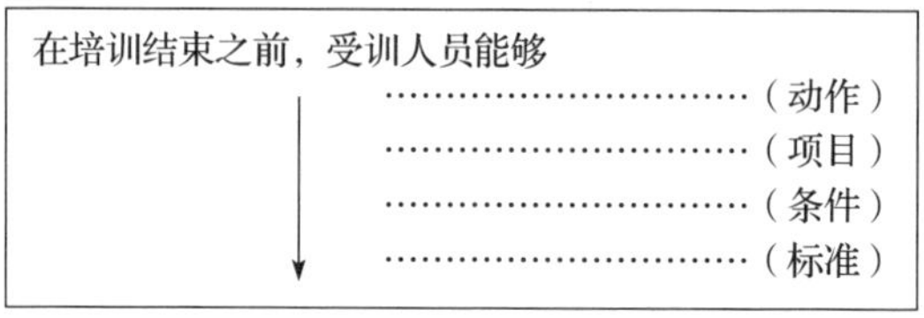

图 4-2　培训目标描述模型

一、目标描述模型

尝试填写以下表样的空白处，或许你会发现，撰写目标也是件非常容易的事情。

例如，在培训结束后，受训人能够：

（1）装配（动作）。

（2）投影仪的部件（项目）。

（3）给出了所有零件，但不给厂家说明手册（条件）。

（4）在十分钟内装好投影仪（标准）。

二、目标描述模型常用术语与词汇

表 4-22、表 4-23 和表 4-24 提供了在培训目标描述模型中经常使用到的一些术语与词汇，供读者参考。

表 4-22　常用动词表

加上	安排	组装	弯曲
建设	累加	实施	掌握
选择	划圈	收集	着色

续表

计算	组圈	计划	切断
证明	描写	设计	分开
抽出	折叠	确认	举例
指示	标注	提高	列表
注释	匹配	调整	倍增
命名	执行	采集	放置
计划	指出	加强	再整理
回忆	背诵	改写	乘坐
经营	挑选	分离	微笑
解决	拼写	宣布	游泳
划线	运用	行走	撰写

表 4-23　常用形容标准的词汇

- 精确到小数点后第……位
- 至少 8/10 达标
- 至少百分之……正确
- 至少……在一小时内
- 每小时……
- 在傍晚前
- 使所有正确
- 按具体的程序
- 如果违反安全步骤将无法接受
- 至少……是正确的
- 在……分钟内
- 在……忍耐之内
- 无误的
- 不超过……错误的

表 4-24　常用形容设备条件（情况）的词汇

• 借助于一张清单，注释、手册 • 借助于一个完全技术手册 • 借助于一套蓝图 • 借助于一把计算尺 • 独立思考 • 在模拟的状况下 • 运用所有部分 • 运用所需要的设备 • 运用实习的机器 • 用你自己语言解释 • 不用手册 • 不用计算器 • 在清单的辅助下

三、撰写成功的、便于理解的培训目标的要素

成功的培训目标必须能够被受训者理解、接受（见表 4-25）。因此，除了使用不会让人产生歧义的词汇外，还需要注意以下要点。

表 4-25　培训目标描述要素

• 声明背景情况 • 讲述有关受训者的事情，而不是有关指导者或课程的情况 • 包括起始状况或条件的描述 • 存在一个独立的结果 • 使用行动词汇来描述表现 • 包括受训人取得进步的衡量标准 • 宣布时应要求明确和没有疑问

第五章　培训计划的制订

本章结构

第一节　培训计划的要素

第二节　培训项目建议书

第三节　培训费用预算

第四节　对年度培训计划的基本认识

第五节　制订年度培训计划的常见错误

第六节　年度培训计划的制订

本章概述

培训计划是最具体化、对执行有实际指导意义的计划性文件。制订培训计划的过程也是企业的培训主管（或组织者）理顺思路、系统思考如何组织培训活动的过程。本章详细介绍了培训计划（含《培训项目建议书》）应该如何制作以及制作过程中的注意事项。

第一节　培训计划的要素

培训计划是最具体化、对执行具有实际指导意义的计划性文件。从本质上讲，企业自行编制的培训计划与外部专业机构提交的培训项目建议书内容是基本相同的，都是为了说明培训的具体实施过程和细节。其主要包括的内容应该有：

- 培训项目名称
- 必要性与培训目标说明
- 培训对象
- 主要培训课程大纲
- 培训期间与地点
- 培训频率
- 主要培训课程大纲
- 培训使用器材与使用说明
- 培训完成标准
- 培训使用资源说明
- 培训费用预算

无论是企业内部还是外部的讲师，所需要制订的计划均将按照以上要素进行，只不过表现形式略有不同。对于企业外部讲师，通常使用《培训项目建议书》的形式提交培训计划，而内部讲师（或培训经理）主要通过报告的形式提交。

有关年度培训计划的问题将在本书的第三部分详细介绍，因此，在本章中不再涉及。

第二节　培训项目建议书

培训项目建议书是企业外部的讲师与企业签署的，就某项或某段时期内进行的培训项目提交的合作建议。通常，一份完整的《培训项目合作建议书》应该包括项目合作背景、合作内容简要介绍、培训实施计划、培训前期准备工作、培训后期效果评估与跟进建议、培训费用预算与培训讲师介绍七个部分。具体内容与说明请参阅表 5-1 的提纲与内容说明部分。

应用工具箱

表 5-1　培训项目合作建议书

培训项目合作建议书
培训项目合作背景
1. 专业机构对行业与企业的了解 2. 企业培训需求描述与说明 3. 对企业培训需求的理解（含：培训需求的调查方式）

续表

合作内容简要介绍
1. 培训课题名称 2. 期待培训达成的效果 3. 双方协商（或建议）的培训合作形式 4. 受训者的构成与分析 5. 使用的培训方法 6. 培训期间
培训实施计划
说明：培训实施计划部分主要是介绍培训的日程安排与教学大纲 日期 时间 培训课程 主要内容 培训对象 培训方法简述 讲师介绍：
培训前期准备工作
说明：该部分主要是对培训场地、器材和教材制作等细节性工作进行约定。所有的工作应该具体到个人并提供对应联系方式。所有的准备工作应该列明完成时间与监督人 1. 培训地点与场地的基本要求 2. 使用器材与准备方 3. 教材制作与具体负责人 4. 培训前设备调试时间与具体负责人 5. 双方准备工作的监督人
培训后期效果评估与跟进建议
说明：本部分主要介绍 1. 针对该次培训内容和培训对象特点应采取何种评估方法和指标 2. 为延续本次培训效果，企业应该采取的后续行动

续表

培训费用预算	
费用项目	预算
讲课费	
讲义制作	
场地租赁费	
茶点费	
设备、器材租赁费	
交通费	
其他杂费	
费用合计	
说明： （1）本表仅列出了主要的费用项目，可能实际情况会与此有所差别 （2）培训费用是否含税也应相应进行说明，如果不含税，应该在列明费用项目后相应说明税负比例与金额	
培训讲师介绍	
说明：本部分主要就培训讲师的工作、培训经历、培训课题等进行简要介绍	

第三节　培训费用预算

培训作为企业的一项重要活动应该考虑其投入成本与产出。由于培训的效果经常无法在短期内显现出来，因此，相对的产出也就难以核算，但这并不应该成为限制培训费用投入的理由。

工具箱

一、培训项目中可能产生的必要费用项目

培训项目中可能产生的费用项目如表 5-2 所示。

表 5-2　按培训项目流程产生的培训费用项目

基本流程	子流程	可能产生的费用项目
培训前期工作	培训需求调查	● 调查问卷设计、印刷 ● 访谈提纲（包括面谈、电话调查等）设计 ● 调查实施产生的费用
	培训课程开发	● 课程开发费用
	培训提案	● 提案制作费 ● 提案印刷费
培训准备	培训人员调查	● 学习风格测试费 ● 管理风格测试费 ● 性格倾向测试费
	场地与器材	● 场地租赁费 ● 设备租赁费 ● 必要器材购买 ● 易耗品购买
	教案与教材准备	● 讲义制作费 ● 视频教材制作
	其他	● 笔记本、记录笔、MARK 笔

续表

基本流程	子流程	可能产生的费用项目
培训实施	讲师与助手费用	● 差旅住宿费 ● 讲课费
	学员费用	● 往返交通费 ● 学员住宿费用
	其他必要开支	● 茶点 ● 餐饮费 ● 奖品或小礼品
培训后期	培训评估	● 后期培训效果追踪与工作指导

说明：以上费用项目的发生要根据企业的实际情况确定。

当进行费用预算时，有以下问题需要注意，如表 5-3 所示。

表 5-3　培训项目费用预算的注意事项

要　　点	说　　明
1. 实现商榷所有的费用项目	费用的明确包括： ● 费用项目 ● 单项费用金额（是否含税） ● 费用支付方式与日期
2. 预留必要费用用于突发性事件的应急处理	● 这样的突发性事件有很多，可能包括因学员增加而不得不增加的餐饮费、因无法在规定时间内完成培训而不得不支付的额外的场地租赁费等 ● 制订计划时讲师（或培训经理）就需要考虑设立相关紧急联络人——通常是除了讲师与其助手之外的第三者来对应处理整个培训项目的事务性工作

二、单次培训项目的成本与费用预算

单次培训项目的费用预算如表 5-4 所示。

表 5-4　单次培训项目的费用预算表

培训项目费用预算表

说明：

- 本表应与《培训项目合作建议书》(或《培训计划》）一起提交
- 本表分为两部分：预算与决算

培训项目名称：
地点：
时间：

费用科目	必要性说明	支付对象	费用预算	实际开支	差异	备注
合计						

说明：可参考表 5-2 的费用科目完成本表

第四节　对年度培训计划的基本认识

对年度培训计划的正确认识如表 5-5 所示。

表 5-5　对年度培训计划的正确认识

要　　点	说　　明
年度培训计划是一份正式的书面文件	● 年度培训计划不是仅仅装在培训负责人或企业高级领导人脑子中的东西。系统制订年度培训计划迫使人们进行有条不紊的思考——不仅需要思考未来怎么样做，也要反省前期工作的成功或失败 ● 企业中有许多并行的职能部门，如财务部、销售部、市场部等，对培训计划的顺利制订与实施起着非常重要的作用，书面的培训计划也可以成为这些部门沟通的桥梁 ● 年度培训计划明确了在预定日期之前达成目标的责任，即便发生人员的变更，也可以保证培训活动按照既定目标连续性地开展下去
年度培训计划是由培训管理部门负责协调、由各个业务部门按照培训管理部门的统一要求提交需求并由培训管理部门最终完成	● 计划制订的主体应该是各个有培训需求的职能部门而非培训管理部门

第五节　制订年度培训计划的常见错误

并非所有的企业都能够制订出一份高质量的年度培训计划——这并不是在强调计划的形式和制订计划这项工作本身。在此，我们揭示了在制订年度培训计划过程中最容易出现的一些错误，希望能够引起培训计划制订者的注意（见表 5-6）。

表 5-6　年度培训计划制订中出现的问题

主要考虑方向	主要问题点
制订计划的时机与周期	• 计划的制订需要参与者的认真思考，但如果计划制订的周期过长，让计划的参与制订者疲于奔命去进行各种各样的分析、完成各种各样的表格，或者时间太仓促以至于各个相关部门的负责人在没有认真思考的情况下拼凑出一份计划，那么，该计划就没有太大的参考价值
可供参考的资料与资料的有效性	• 计划的有效性也取决于是否有足够的资料来支持计划制订者做出正确决策，取决于资料的有效性。这样的资料包括了员工的工作绩效、工作报告、次年度培训工作的开展思路等

续表

主要考虑方向	主要问题点
计划的制订者	● 我们强调了培训计划制订的主体是各个职能部门的负责人，但是，多数公司的年度培训计划还是由培训管理部门代劳，而各个部门则是计划的被动接受者。这样的结果是，各职能部门认为制订的计划并不能真正反映出他们的需求，与工作的结合性不高，以至于无法真正解决问题。 ● 在成功开展常规性培训的公司中，计划的接受者应该就是计划的制订者。可以把计划制订的工作简单划分成几个阶段，如资料提供、培训需求分析、意见的反馈与整理、完成培训计划、完成培训预算，由培训管理部门负责前期的准备与后期的收集整理工作，让各个职能部门的负责人参与完成主要的需求分析与意见反馈工作。这么做可以确保计划的制订在不占用太多人力的前提下由多方共同完成
结构与标准	● 正式的年度培训计划应该具有统一的结构和广泛被认可的制定标准，这样能够保证计划以内部都熟悉的形式与标准被接受。但是，不少企业认为，计划工作最重要的成果并不是计划本身，而是对培训的作用做一个系统的思考 ● 还有一个明显的错误认识就是计划的结构比内容更为重要，计划工作变成了与填写其他表格一样的例行公事，忽略了计划最本质的目的
缺乏来自内部高层领导的指导和支持	● 像其他的计划一样，年度培训计划只有让高层领导积极参与进来才能获得成功。在为数不少的企业中，培训的职能归属在人力资源部门之下，并没有形成强有力的影响力来推动计划的执行，大部分企业并没有完整的培训计划，更不用说获得高层领导的支持
缺乏对推进计划有效实施工作的系统思考	● 缺乏系统性，没有完整地、系统地解释如何制订年度培训计划，以及从哪些方面入手制订年度计划、如何进行年度计划的实施管理，相当于在“分析—计划—执行—控制”整个的流程中只完成了“计划”部分而缺乏对“分析”“执行—控制”部分的解释和说明

第六节　年度培训计划的制订

一、年度培训计划的制订原则

年度培训计划作为企业常规性开展培训活动所遵循的计划，应该充分体现以下的原则，如表 5-7 所示。

表 5-7　年度培训计划的基本原则

原　则	说　明
系统性	• 所谓系统性，是指在制订年度培训计划时要求使用系统的方法 • 计划的制订者需要考虑，为了顺应业务的要求，应该在合适的时间、合适的场所开展合适的培训活动 • 如针对某耐用消费品公司的市场部员工，每年产品销售的旺季集中在 9 月至次年的 2 月，新产品的推出也集中在该阶段，因此，相关的系列培训活动可以安排如下：7 月份进行新产品发布会的相关培训，8 月份进行新产品上市管理的培训，10 月份要为年度计划的制订做出准备，因此可以进行营销审计与年度计划制订方面的培训
全面性	• 制订的培训计划要尽可能全地考虑企业各个部门、各个岗位、潜在培训对象的需求 • 培训计划的制订要在考虑不同的工作任务、不同的培训对象与不同的培训需求之后制订，该计划应成为企业培训工作开展的指导工具与具体实施计划

续表

原　　则	说　　明
有效性	● 企业的培训计划必须能够针对企业的培训需求而设计，并通过培训的实施解决相关问题。它包括了三层含义： ● 首先，培训计划必须能够针对企业的现实情况，立足于企业的实际所需要的知识、技能、思维等 ● 其次，培训计划的设计必须充分关注培训需求分析中发现的各类问题 ● 最后，培训计划的实施必须高效、对工作绩效产生积极影响
标准化	● 由于培训计划的编制需要多方面的参与，因此，需要有系统的规则统御该计划的编制 ● 这些系统的规则包括整个编制流程的设计、职责与任务的划分、不同部门之间的协作等，在整个的计划制订过程中应该有大量正式的规则来提升整体培训计划编制的标准化与水平

二、年度培训计划的制订流程

1. 年度培训计划制订的方法

年度培训计划制订的方法如表 5-8 所示。

表 5-8　计划制订方法

制订方法	要　　点
培训计划会议	培训计划会议通常由培训管理部门（如培训部、人力资源部）牵头召开，由各个职能部门参与计划编制的人员参加，主要就年度培训计划制订的时间表、要点等详细内容进行规划、说明，即通过该种方式说明培训计划的制订标准并控制培训计划制订的节奏
部门沟通	部门沟通主要在各个职能部门内进行，主要由该部门内负责计划编制的人员与本部门内各级人员进行沟通，从而分析、确定基本的培训需求

续表

制订方法	要　点
领导决策	领导决策是通过企业的高级管理人员界定分析需求的方法。一个人的级别越高，就越能从较好的视角来看待面临的问题，便于从系统而非问题本身发现根源所在
专业人员决策	由对培训工作、培训课程体系与员工能力素质了解的专业人员确定最终培训需求与最终计划

这四种方式是不同部门、不同级别人员进行培训需求分析与计划制订所经常采用的方式，通常是配合使用。

2. 年度培训计划制订的基本流程

年度培训计划制订流程的基本要素和关键控制点如表 5-9 和表 5-10 所示。

表 5-9　培训计划制订流程的基本要素

要　素	说　明
流程的范围	● 从流程的角度来看，年度培训计划的制订与之后的跟进工作主要由培训管理部门（如培训部、人力资源管理部）发起的，流程主要包括培训管理部门按照企业的整体战略，结合过去相关培训工作的总结与各职能部门提交的培训需求，制订次年度的培训计划，并据此指导企业内部培训工作的开展
控制目标	● 确保该计划成为企业培训活动的指导性文件，加强各部门之间的协作性 ● 确保该计划能够满足企业的战略目标与经营需求，成为推动企业发展的助推剂
主要涉及的部门	（以集团公司为例） （1）集团战略发展部 （2）集团人力资源部门所辖之培训部 （3）各分公司人力资源部 （4）各分公司职能部门 A （5）各分公司职能部门 B （6）各分公司职能部门 C （7）各分公司职能部门 D

表 5-10　年度培训计划的关键控制点

步骤	
1	由集团人力资源部作为总协调部门，与集团战略发展部、各分公司人力资源部、分公司经理、分公司各职能部门 A、B、C、D 等相关部门进行协商，共同制订次年度的培训计划
2	由集团人力资源部负责制订年度培训计划的《编制指南》（包括基本原则、方针、注意事项、时间进度、实施细则手册与年度培训计划的基本结构），并就过去一年培训工作的开展情况进行基本的总结
3	由人力资源总监牵头，召集集团战略发展部、集团人力资源部、各分公司人力资源部、各分公司经理参加培训计划会议，就年度培训计划制订的原则、方针、注意事项等问题进行讨论，确定年度培训计划制订的工作安排与分工，同时就过去一年中培训工作的得失进行总结，提出今后相关工作开展的基本工作方向与建议
4	各分公司职能部门在各分公司人力资源部的协助下，就次年度的培训需求进行分析、总结，由各分公司人力资源部负责提交分公司的初步培训计划
5	集团人力资源部对各分公司人力资源部提交的培训计划予以审核、总结，制订年度集团的整体培训计划
6	人力资源总监审核集团人力资源部提交的年度培训计划初稿，根据集团战略对培训计划的目标、开展形式、分配的资源等内容提出修改意见，并以会议的形式与各相关部门的负责人和具体参与人员商讨和确认
7	集团人力资源部根据会议意见进行修改，交由人力资源总监审核、批准

下面以集团公司为例，给出了一个完整的年度培训计划制订与修订流程（见图 5-1），读者可以参考该流程制订相应的培训计划。

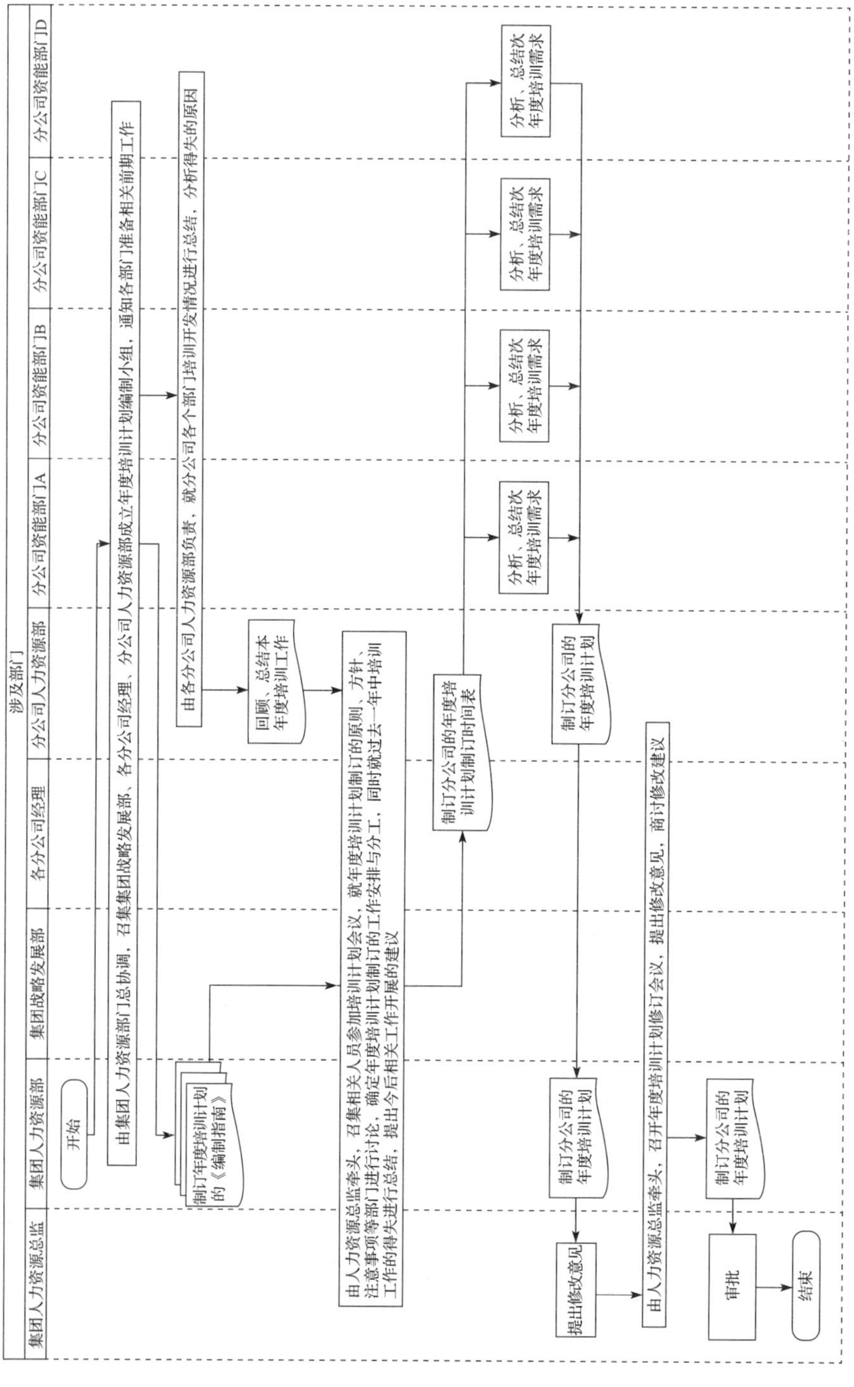

图 5-1 制订年度培训计划流程

3. 制订年度培训计划时需要考虑的问题清单

尽管年度计划的表现形式各异，但都有一些相同的要素。完整的年度培训计划应该包括四方面的内容：全面的培训需求分析、对过去培训工作的总结、具体的培训计划与预算、监督与控制方法（见表 5-11）。

表 5-11　年度培训计划制订前的问题检查清单

第一部分：全面的培训需求分析
（说明：全面的培训需求分析应该从企业战略、外部环境、各职能部门与员工四个层面进行。）
1.1　企业战略 （说明：在企业战略层面，需要解决的问题主要是明晰公司发展战略对人力资源与培训提出的要求，具体工作如下） 1.1.1　公司战略明晰 了解企业战略构思的目的是明确培训可能在其中发挥的作用（是推动变革，还是完善基础知识体系）。为此，应当重点了解这样的一些问题 ● 为了达成企业的战略目标，企业是否考虑过采用何种手段完成人才与知识的储备？ ● 企业是否考虑过培训在推动战略实施中的作用？具体的想法是什么？为什么？ 1.1.2　次年度经营计划分析 （说明：明确企业在次年度的经营目标，分析企业实施该计划可能遇到的难点与重点，进而确定哪些问题可以通过培训加以解决。为此，应该提出这些重点问题） ● 该（某一具体）目标制订的依据是什么？达成的可能性有多大？为什么？ ● 该目标在实施中可能遇到的困难是什么？为什么？ ● 该目标在实施中的重点工作有哪些？为什么？ ● 针对这些难点与重点，企业是否考虑了具体的解决途径？有哪些具体的解决途径？ ● 这些解决途径中有哪些是需要借助于外部力量（如咨询公司）进一步完善的？有哪些是可以通过培训加以解决的？为什么？ ● 对于这些通过培训可以解决的问题，应该有什么样的培训内容和培训方法才能确保组织目标的实现？

续表

第一部分：全面的培训需求分析
1.1.3　年度人力资源计划分析 （说明：进行年度人力资源计划分析的目标是为了明确现有员工的自我发展需求、人力资源调整如晋升、增员、岗位轮换等带来的培训需求以及培训管理体系进一步完善的必要性。）为此，应该提出的重点问题包括： • 目前企业基本的组织结构是怎样的？ • 在次年度为了顺应经营业务的发展要求，将会在组织结构的哪些方面进行调整？幅度有多大？ • 是否为每个新增、调整的岗位或人员设计了培训课程？具体有哪些方面的培训课程？ • 公司目前的培训管理机构是怎样设计的？具体有什么职责？ • 为了保证次年度培训课程的顺利实施，应设立什么样的培训管理体系？有哪些职责需要进一步完善？ 1.2　外部环境 （说明：对外部环境分析的目标主要是为了了解行业环境变化、竞争对手的变化、替代品分析和客户构成与渠道变化对培训产生的需求。） 1.2.1　行业环境的分析 （说明：对行业环境的分析主要从国家立法、消费习惯、主要产品技术发展趋势、新技术在本行业的应用等方面进行。如国家变更排放的标准将势必带来产品的更新换代，这会对企业的产品研发能力提出新的要求，应该通过招募、培训等多种手段尽快掌握新技术并转化为生产力。） • 国家立法对本行业的经营有什么特别的规定？目前企业是否能够达到这方面的要求？如果达不到，为什么？对经营会有什么具体影响？ • 国内外是否具有相关的行业最佳实践（企业）？这些企业是如何运作的？有哪些地方值得本企业借鉴？ • 顾客或潜在顾客的消费习惯是否发生了变化？如果有，本企业需要进行哪些调整以适应这些变化？ • 本行业产品的更新周期是多久？ • 本行业产品技术的发展趋势是什么？企业是否有后续的产品研发能力？这些能力是否足以支持企业建立或维持其竞争地位？ • 以上这些问题中有哪些需要通过培训加以解决？

续表

第一部分：全面的培训需求分析
1.2.2　竞争对手的变化 （说明：有时竞争对手的变化也是催生企业培训的因素。例如，在时间已经成为竞争优势的情况下，如果竞争对手采用新的管理方法或技术提高了物流效率，则本企业也要考虑是否需要采取跟进策略并进行相关的内部培训。） ● 企业的主要竞争对手有谁？ ● 竞争对手进行了哪些方面的改进以提高其竞争力？ ● 这些改进对终端市场产生了什么影响？对我们的经营业务产生了（或可能会产生）什么影响？ ● 这些改进的可取之处是什么？不足之处是什么？为什么？ ● 我们应该采取什么样的策略和行动来应对竞争对手的变化？ ● 这些策略和行动应该如何落实在本企业的实际工作中？应该通过什么手段在企业内加以贯彻、推行？培训可以在哪些方面发挥作用？ ● 该行业有哪些潜在的竞争对手，他们将何时正式进入该市场参与竞争？他们的进入会对我们有什么影响？我们应该怎么应对竞争？ 1.2.3　替代品分析 （说明：替代品是指目前或未来可以取代本行业现有主流商品的产品，替代品既可以是现有商品的更新换代，也可以是全新的、创新型的产品。由于产品的研发能力是为企业创造持续性竞争优势的必要条件之一，因此，及时、准确把握本行业的技术发展趋势，了解新技术在本行业的转化是基础工作之一。通常，该工作由企业的战略发展部门与技术研发部门共同负责。值得关注的问题是，企业通过什么样的途径为自己创造并保持该方面的优势，这就会对培训的需求产生影响。） ● 目前该行业的主要技术发展趋势是什么？商品化的程度如何？ ● 有哪些替代品（目前、将来）将成为我们最大的威胁？这些威胁将怎样具体影响我们业务的开展？ ● 为了对应替代品的竞争，我们应该采取什么样的准备活动（技术开发、引进、合作、储备）？ ● 我们将通过招募还是合作、培养现有人员的形式完成我们的准备？ ● 如果以合作、培养的形式开展，我们应该怎样去做？做什么？达到什么程度？

续表

第一部分：全面的培训需求分析
1.2.4　客户构成与渠道的变化 （说明：客户构成与渠道的变化也是培训需求产生的外部驱动力之一。承接前例，如果竞争对手采取了新技术，客户会以此为标准向其他合作伙伴提出相关的要求，竞争会驱使企业进行相关的工作改进，在这种情况下，培训会成为与此相关的衍生工作。） ● 我们的主要客户有哪些？ ● 这些重点客户在次年将进行哪些方面的内部改革以提高整体经营水平？ ● 这些内部改革对本企业的业务有何影响（正面、负面）？ ● 为了对应客户方的调整，本企业应该采取什么行动？哪些行动需要以培训的形式完成？ ● 目前客户对本企业的产品、质量、服务与人员素质是否满意？在哪些方面我们做得比较好？在哪些方面我们需要改进？ 1.3　各职能部门 （说明：对各职能部门进行分析可以帮助了解企业在实际运营层面的培训需求。具体的工作可以分为三个基本步骤：明确公司目标与本部门对该目标的贡献（即本部门的任务）、分析本部门目前的实际水平与为达成该目标所需要技能的差距所在、评估本部门本年度培训效果、确定本部门所需要的培训项目。） ● 本部门是否清晰地了解并在内部传达了公司的战略与次年度经营目标？本部门将肩负什么任务以达成该目标？ ● 为达成这些目标，本部门需要进行哪些方面的内部准备（如人力资源、技能、知识等）？ ● 本部门本年度需要改进的工作有哪些？为什么需要改进？有哪些方面的工作需要通过培训加以解决？ ● 现有人员的实际水平与岗位要求水平是否有差距？差距具体体现在哪些方面？是否可以通过培训弥补这方面的差距？ ● 为达成次年度计划，在知识、技能等方面是否还需要进行哪些方面的储备才能胜任工作？这些储备应如何按照时间、迫切性与重要程度来排列？ ● 本部门本年度有哪些人员参加了哪些方面的培训？效果如何？为什么？ ● 本部门希望在次年度开展哪些方面的培训？在什么时间开展？为什么？期望达成什么目的？ ● 本部门希望今后培训工作在哪些方面得以改进？

续表

第一部分：全面的培训需求分析
1.4　员工 （说明：对员工进行分析的目标是促使员工自我反省，结合他们的职业发展期望树立主动、自觉的学习氛围。员工分析的基本程序是明确学习目的、分析个人发展需要、提出培训要求。） ● 希望学习哪些方面的技能？ ● 为什么要学习这些方面的技能？ ● 对个人未来三年职业发展的基本考虑是什么？如何达成这些目标？为了达成这些目标，尚需要哪些努力？员工将如何根据自己的目标安排自己的行动？ ● 以上的培训将以何种形式（脱产学习、在职学习等）完成？具体的时间？经费与负担的形式？
第二部分：培训专项职能
本部分内容可以参见前面章节中的《企业培训现状诊断问卷》
第三部分：具体的培训计划与预算
● 公司可以利用的内部培训资源目前有哪些？在未来的一年，还可以培养哪些人作为内部讲师？ ● 公司希望在未来一年培养哪些内部人员？是否存在培训后离职的风险？如何控制这些风险？ ● 公司未来可以使用的培训经费大约有多少？这些费用是如何进行管理的？ ● 培训费用的使用有哪些限制条件？
第四部分：监督与控制方法
● 公司的培训工作具体有哪个部门负责？有哪些部门经常参与该类工作？ ● 公司内哪些员工的离职率高？他们离职的原因是什么？公司将重点培养的员工有哪些？他们对公司是否有什么意见？ ● 在过去的培训中是否使用了培训效果评估，考试等方式作为强化培训效果转化的手段？在未来一年中将进行哪些方面的改进以使其更加完善？

上面这些检查清单中的问题全部回答完毕之后，培训经理就可以有的放矢开始进行制订年度培训计划了。具体思路如图 5-2 所示。

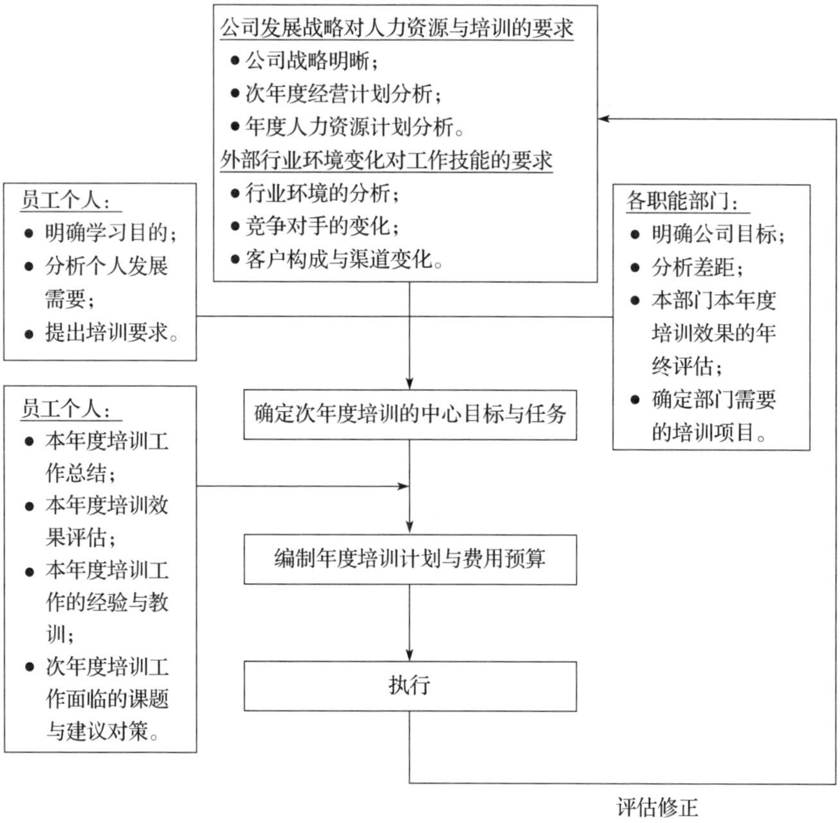

图 5-2　年度培训计划的制订模型

综上所述，完整的年度培训计划从培训需求分析开始，从企业战略、外部环境、各职能部门、员工四个层次进行的分析可以基本确定培训需求的范围，确定次年度培训的中心目标与任务，对培训专项职能进行的分析可以总结经验与不足，以便在次年做到锦上添花。从这几个方面入手，企业就可以制订一份周详的年度培训计划了。

4. 年度培训计划示例

前面介绍了年度培训计划制订的基本模型与需要考虑的问题，在此，我们提供了一个年度培训计划的例子（见表 5-12），来说明以上的这些原则与模型是怎样应用的。

表 5-12　年度培训计划示例

××公司年度培训计划
第一部分：培训需求分析与目标确定 一、企业战略对培训的要求 1. 公司战略中对培训职能的界定 2. 次年度经营计划分析 （1）次年度的经营目标阐述。 （2）达成目标的关键成功因素分析。 （3）达成目标的重点、难点分析。 （4）培训在达成经营目标方面的贡献。 3. 年度人力资源计划分析 （1）组织机构的调整带来的培训需求分析。 （2）内部岗位调整（晋升、新募、岗位轮换）带来的培训需求。 二、外部环境变化对培训的要求 1. 行业环境分析 （1）国家立法或相关规定对培训的需求。 （2）本行业主要技术发展趋势。 （3）新技术在本行业、本企业的应用。 2. 竞争对手变化 （1）本企业重要竞争对手。 （2）他们采取什么样的措施提高其竞争力。 （3）这些措施对市场或终端产生了什么影响。 （4）我们应该采取什么对策来适应竞争。 （5）需要通过培训解决的问题。 3. 客户构成与渠道的变化 （1）本企业主要的客户。 （2）这些主要客户在经营管理方面最新的动向分析。 （3）这些最新动向对本企业的业务的影响（正面、负面）。 （4）这些主要客户对目前本企业产品、质量、服务、人员工作方面的改善建议。

续表

三、企业内部各职能部门培训需求
1. 部门 A
（1）本部门本年度培训效果总结。
（2）本部门次年度经营目标。
（3）部门次年度主要工作。
（4）需要通过培训完善的工作。
（5）需要通过培训完成的技能储备。
2. 部门 B
（1）本部门本年度培训效果总结。
（2）本部门次年度经营目标。
（3）部门次年度主要工作。
（4）需要通过培训完善的工作。
（5）需要通过培训完成的技能储备。
3. 部门 C
（1）本部门本年度培训效果总结。
（2）本部门次年度经营目标。
（3）部门次年度主要工作。
（4）需要通过培训完善的工作。
（5）需要通过培训完成的技能储备。
四、次年度培训的中心目标与任务
1. 次年度培训的中心工作
2. 次年度培训工作的基本任务

第二部分：本年度培训专项职能分析

一、本年度培训工作总结
1. 本年度培训计划的整体执行情况分析
2. 部门培训计划执行情况分析
3. 岗位培训计划执行情况分析
二、本年度培训效果评估
1. 本年度主要的培训课题与项目名称
2. 各课题培训效果分析

续表

三、本年度培训工作的经验与教训

1. 本年度培训管理工作方面的经验与教训

2. 本年度培训方案方面的经验与教训

3. 本年度培训计划方面的经验与教训

4. 本年度培训课题与内容方面的经验与教训

四、次年度培训工作面临的课题点与建议对策

第三部分：次年度培训计划与相关费用预算

一、关于年度培训的基本安排

月度	部门	对象	预计人数	培训课题	讲师	费用预算
1月						
2月						
3月						
4月						
5月						
6月						
7月						
8月						
9月						
10月						
11月						
12月						

二、内部培训讲师培养计划

续表

第四部分：次年度培训计划实施关键问题 一、关键问题一 二、关键问题二 三、关键问题三 四、关键问题四 **第五部分：培训工作分工与职责划分** 一、培训管理体系的基本组织结构 二、工作分工与职责划分 三、培训工作的评估要点与关键指标

第六章　学习风格与培训方法

本章结构

第一节　学习风格与测试问卷

第二节　常用培训方法与注意事项

附　录　贝尔宾团队角色测试

本章概述

本章主要就培训教案设计中容易忽视的关键问题（学习风格测试与培训方法选择）的相关内容进行介绍并提供相关测试问卷。

第一节　学习风格与测试问卷

学习风格是指在学习环境中受训者感知信息，并对信息进行加工、处理、储存与提取时所偏好的方式。学习风格的差异是由于受训者不同的心理与生理特征形成的，因此，对信息的反馈、对外部刺激的感知与反应也各有不同，在进行培训之前，有必要分析受训者这些基本行为特征并在此基础上制定相应的培训方法。

美国麻省理工学院大卫·科尔伯（David Kolb）博士就个人学习倾向的问题研究之后，于 1984 年提出，人的学习分为四个阶段：思考、理论化、计划和实践。并在此基础上提出了四种不同的学习风格，如图 6-1 所示。

如图 6-1 所示，具有不同学习风格的受训者，其关注重点是不同的，具有截然迥异的学习特点。只有针对他们的特点相应设计培训方法才能起到增强培训效果的作用。

在他的研究基础之上，哈尼与福特进一步提出，人们偏爱的学习方式需要根据所处的学习周期来最终确定，这就包括思考型、行动型、理论型与应用型四类学习风格。学习风格并非一成不变的，因为学习的方式会根据课题、环境、讲师等多种因素产生变化。

成功的培训应该采用各种培训方法和资料，利用多种方式来激发受训者积极进行思考，主动接受培训知识并愿意将这些新思想、技能付诸实践。

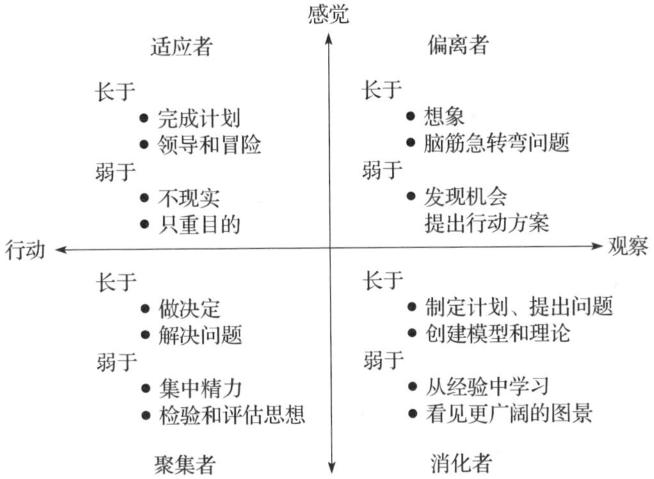

图 6-1　科尔伯学习风格类型

应用工具箱

下面是一份学习风格测试问卷，可以帮助讲师对受训者进行测试。

该项测试主要依靠表 6-1 与表 6-2 来完成。讲师可以参考表 6-3 来判断受训者的学习风格。学习风格的特点如表 6-4 所示。

表 6-1　学习风格测试表[①]

<table>
<tr><th colspan="6">受训者学习风格调查表</th></tr>
<tr><td colspan="6">您好！
为了更好地配合公司内部组织的培训课程，我们特意制作了本调查表，请您在百忙之中填写。
本问卷调查的主要目的是帮助培训讲师分析您本人的学习风格以更合理地规划培训。因此，请您根据自己的实际情况如实填写本问卷。问卷的有效性取决于您是否如实填写。
非常感谢您的合作。</td></tr>
<tr><td>姓名</td><td></td><td>昵称</td><td></td><td>年龄</td><td></td></tr>
</table>

① 说明：本问卷与表 6-1、表 6-2 与表 6-3 均改编自王忠明、刘燕斌主编的《现代培训与发展系列丛书》之《现代培训课程设计》，中国人事出版社，1999 年 3 月北京第一版。

续表

请阅读并回答以下问题： **（提示）如果对于某一表述同意的成分大于不同意，则选 A，反之，则选 D。无须答完问卷。** 1. 我做事经常不考虑可能的后果。 2. 我认为正规的程序和政策对人的限制太大。 3. 我喜欢的是那种有时间进行充分准备并执行的工作。 4. 我听完别人的观点后才发表自己的看法。 5. 我对正误、好坏有强烈的信念。 6. 我喜欢按部就班地解决问题。 7. 我习惯简单、直接地发表自己的想法。 8. 我认为最重要的是能在实际中运用。 9. 我认为，根据感觉产生的办法和经过细心考虑与分析才产生的办法使用起来同样理想。 10. 我总是积极寻求新的经历。 11. 我对数据的分析处理结果往往小心谨慎，避免过早下结论。 12. 在进行问题讨论时，我喜欢观察别人的行为。 13. 我经常对他人的一些基本设想提出疑问。 14. 我注意自我控制，比如，注重自己的体重，坚持锻炼身体，坚持某一个固定的做事流程。 15. 当听到一个新的想法或方法时，我总是喜欢马上着手考虑要在实践中试试。 16. 对于既定的程序和政策，只要我认为有效，就坚持到底。 17. 我喜欢滔滔不绝地讲话。 18. 我喜欢努力解决与众不同的新问题。 19. 在下结论之前，我特别注意一些细节问题。 20. 我对了解别人的想法特别感兴趣。 21. 我喜欢与有逻辑思维、分析能力的人相处，不喜欢与容易冲动的人共事。 22. 我习惯把事情安排得井井有条，不喜欢杂乱无章的事情。

续表

23. 我喜欢开门见山地进入谈论的主题。
24. 我总是急于在实施过程中搞清楚事情的可能性。
25. 我认为爱开玩笑、易于冲动的人比较可爱。
26. 一般情况下，我愿意公开自己的感情。
27. 我认为，消息来源越多越好。
28. 我对工作总是善始善终。
29. 我认为，人的行为都是与某种普遍规则相联系的。
30. 工作中的人际关系应该正当，并保持一定的距离。
31. 我愿意做技术性的工作，如系统分析、设计流程图、业务扩充计划、随机规划等。
32. 我判断谁的主意对，是根据他的实际业绩。
33. 我情愿在随机、灵活的基础上对事情做出反应，而不是事先就做好计划。
34. 面对冷静、有思想的人，会令人感到不安。
35. 我在做出结论之前一般喜欢仔细地权衡许多替代方案。
36. 如果必须在某一紧急期限内完成某项工作，我就会感到着急。
37. 我相信理性的、逻辑的思维应该取胜。
38. 做事轻率的人往往会令我反感。
39. 开会的时候，我提出的想法往往是实用的、现实的。
40. 在工作中我经常能发现更好、更实际的方法去完成任务。
41. 比起思考过去与将来，我认为，享受目前的时刻更加重要。
42. 在讨论中，我总是即兴地提出一些想法。
43. 我不太喜欢那些急于成事的人。
44. 对一件事情做出判断，根据完整的信息与分析来做出决定，比根据直觉做决定要好得多。
45. 我总是追求完美。
46. 我能够经常发现他人观点中的不连贯之处和弱点。
47. 我认为书面报告应当精练而且切题。
48. 我喜欢与重实际而不是重理论的人相处。
49. 再好的规则多半也会被打破。
50. 总的说来，我说多于听。

续表

51. 我认为在考虑问题的时候，应该跳出某一环境而考虑所有的观点。
52. 我倾向与人谈具体的事情而不是泛泛的社会问题讨论。
53. 我认为冲动不利于思考。
54. 我喜欢通过逻辑思维的方法寻求答案。
55. 我反感在讨论中东拉西扯。
56. 我认为应直截了当。
57. 我对新奇的、不寻常的想法，比实际的东西更感兴趣。
58. 如果事情办错了，我很愿意摆脱它们，使它们成为过去。
59. 如果让我写报告，我往往需要写好多遍草稿才肯定稿。
60. 在下决心之前，我需要考虑许多替代方案。
61. 在与他人讨论时，我经常是最不动声色，而且最客观。
62. 我喜欢把当前的工作与长远的、总体的情况联系起来。
63. 为完成工作任务，我不拘泥于手段。
64. 我反对那些轻率的、异想天开的主意，因为它们不切实际。
65. 我觉得拘泥于具体的目的和计划令人压抑。
66. 我喜欢集体生活。
67. 在讨论中我更喜欢低调，而不愿意带头发言或滔滔不绝地说话。
68. 行动之前最好仔细考虑。
69. 我常常对那些不按逻辑方法办事的人毫不留情。
70. 我常常探究事物与现象赖以存在的基本条件、原则和理论。
71. 在大多数情况下，我相信结果能证明手段的必要。
72. 只要工作能完成，我不在乎伤害别人的感情。
73. 我对程序化、具体化的工作很快就会疲倦。
74. 我欣赏危机的戏剧性的变化和激动人心的情况。
75. 总的说来我听多于说。
76. 我对下结论持谨慎态度。
77. 我希望开会要按既定议程进行。
78. 我一般避开主观或者模糊的主题。
79. 在讨论中，我常发现自己是最现实的。我总是让人们一下子了解主题，避免陷入漫无边际的遐想。
80. 人们发现我经常对他们的感情无动于衷。

表 6-2　学习风格测试答案记录表

学习风格测试答案记录表							
说明：A 表示“同意”，D 表示“不同意”。							
1 A D	2 A D	3 A D	4 A D	5 A D	6 A D	7 A D	8 A D
9 A D	10 A D	11 A D	12 A D	13 A D	14 A D	15 A D	16 A D
17 A D	18 A D	19 A D	20 A D	21 A D	22 A D	23 A D	24 A D
25 A D	26 A D	27 A D	28 A D	29 A D	30 A D	31 A D	32 A D
33 A D	34 A D	35 A D	36 A D	37 A D	38 A D	39 A D	40 A D
41 A D	42 A D	43 A D	44 A D	45 A D	46 A D	47 A D	48 A D
49 A D	50 A D	51 A D	52 A D	53 A D	54 A D	55 A D	56 A D
57 A D	58 A D	59 A D	60 A D	61 A D	62 A D	63 A D	64 A D
65 A D	66 A D	67 A D	68 A D	69 A D	70 A D	71 A D	72 A D
73 A D	74 A D	75 A D	76 A D	77 A D	78 A D	79 A D	80 A D

表 6-3　典型学习风格分析

类　型	非常倾向	有明显倾向	一般	倾向性较低	倾向性非常低
主动型	20、19、18、17、16、15、14、13	12、11	10、9、8、7	6、5、4	3、2、1
反思型	20、19、18	17、16、15	14、13、12	11、10、9	8、7、6、5、4、3、2、1
理论型	20、19、18、17、16	15、14	13、12、11	10、9、8	7、6、5、4、3、2、1
应用型	20、19、18、17	16、15	14、13、12	11、10、9	8、7、6、5、4、3、2、1

表 6-4　学习风格的特点

学习风格类别	特　点
行动型	● 能够全身心且毫无保留地参与培训并积极与他人分享经验 ● 思维活跃，勇于尝试 ● 他们习惯先行动，之后再完善细节，在培训进展过程中也不甘寂寞 ● 喜欢在团体中讨论，愿意与他人交往，但往往也希望自己成为中心焦点 ● 富有热情，但如果引导不当，在热情过后容易转移自己的兴趣点 ● 喜欢挑战，不拘泥于传统，因此，头脑风暴法对他们而言是发挥专长并吸引其注意力的很好的方法
反思型	● 他们喜欢认真总结过去的经验并系统进行分析 ● 他们不肯轻易得出一个结论，对他们而言，结论必须是建立在全面分析与深思熟虑基础上的，必须是缜密且经得起推敲的，同时，这往往也带来结论的推迟 ● 他们谨慎、低调行事，在会议及讨论中，他们宁愿坐在后排 ● 他们喜欢观察，在发表自己观点之前他们喜欢尽可能听取别人的意见，并掌握讨论的大意，在参与讨论、发表自己观点时，通常显得镇定、自如
理论型	● 理论型学习者喜欢以循序渐进的、系统的逻辑方法思考问题直到找出解决办法。他们将不同的情况分类整理，纳入一个系统的解决模型中 ● 他们不能容忍自己对事情一知半解就轻易下结论，很多情况下，他们希望成为完美主义者，会不停修改直至满意 ● 他们强调理性和逻辑，强调假设、原则及系统思维 ● 他们常常很冷静，善于分析，对主观判断及任何轻率的事情感到无法接受
应用型	● 应用型学习者喜欢在实践中检验自己学习到的新想法、理论、技能 ● 他们倾向于接受一个与自身工作相接近的培训环境，因此，模拟、实习、现场指导、案例分析对他们而言是合适的培训方法，他们往往对能够产生实际效果的培训感兴趣 ● 他们是实用主义者，脚踏实地，喜欢做实际的决定并以解决问题为根本目的

第二节 常用培训方法与注意事项

在设计培训教案时，讲师需要考虑采用合适的培训方法提升培训效果。所有的培训方法的设计与使用应该在综合考虑培训内容与受训者的相关情况（例如背景、经历、学习风格、沟通能力等）两方面的基础上进行。

科尔伯模型包含了四种类型的学习风格，针对每种风格使用的培训方法也各不相同（见图 6-2）。

适应者（感觉和行动） • 有深度的询问 • 行为规范 • 教练 • 争论 • 演示（参与） • 对话 • 论坛（提问） • 游戏 • 开放空间技巧 • 专门小组（参加专门小组） • 同僚支持的学习 • 实际练习 • 提问和回答 • 角色扮演 • 敏感性训练 • 模拟 • 滑稽短剧 • 讲故事（讲一个故事） • 小组 • 电话会议	偏离者（感觉和观察） • 演示（观察） • 田野考察 • 指导下的想象 • 专门小组（倾听专门小组） • 讲故事（听众）
聚集者（思考和行动） • 个案研究 • 诊所 • 讨论 • 提炼 • 篮子方法 • 手段和方法 • 工作流程培训 • 马拉松 • 程式化课程 • 项目 • 门厅培训	消化者（思考和观察） • 头脑风暴法 • 观点和视角对比 • 论坛（倾听） • 听课小组 • 矩阵分析 • 构思 • 名义群体技巧 • 两个极端 • 小测绘 • 阅读 • 反思 • 故事分类组合 • 学习指南

图 6-2 各类学习风格适用的培训方法

下面，我们就各类培训方法与使用要点做详细的说明（见表 6-5 和表 6-35）。

应用工具箱

表 6-5　培训方法示例

培训方法名称	如角色扮演等
适用的学习风格	该方法应用于何种类型的受训者
应用环境	在什么情况下可以考虑使用该种方法
优点	该种培训方法的优点
不足	该种培训方法的不足之处
前期准备	使用该种培训方法需要进行的前期准备工作
基本流程	使用该种培训方法的基本流程
实施要点	在应用该培训方法时需要注意的要点
举例	在培训应用中的实际例子

表 6-6　头脑风暴法

培训方法名称	头脑风暴法
适用的学习风格	消化者（思考 / 观察）
应用环境	激发思想和激情
优点	• 鼓励创造性思维 • 帮助受训者群体扩展视野 • 受训者们积极主动参与
不足	• 受训者们往往很容易去评论各种想法，而不仅仅是提出而已。这将降低进程的速度，减少新的创见产生 • 容易耗时，而且难于管理。有许多不成熟的或玄而又玄的想法

续表

培训方法名称	头脑风暴法
前期准备	● 清晰的议题
基本流程	● 信息提供：提出大量且富有创意的想法 ● 澄清：确保人们理解这些信息资料 ● 评估：对话，讨论 ● 判定优先化：决定什么是最重要的
实施要点	● 受训者提出创造性的观点，包括显而易见的、有趣的和看似荒谬的各种想法 ● 寻求数量 ● 在最初的“信息堆砌”中，允许提出要求澄清和进一步阐明的问题，但不要进行评论 ● 一旦信息征集告一段落，就可以进一步阐明、评估、组织、联系和提高观念 ● 必须顺其自然，畅所欲言（鼓励大家提出各种各样的思想和意见） ● 使用一个共同的文本（比如便笺纸，可贴于墙上的黄色小贴士）
举例	● 就宣传一项新产品提出意见 ● 融入一个项目团队之中，通过集体讨论，决定成员应何时停止行动、开始行动和继续行动 ● 产生一系列价值标准

表 6-7　游戏法

培训方法名称	游戏法
适用的学习风格	适应者（感觉／行动）
应用环境	● 创造学习的意愿，使大家准备好学习 ● 演示知识技能的应用

续表

培训方法名称	游戏法
优点	• 实践、积极主动、有趣，便于调节气氛 • 寓教于乐
不足	• 游戏必须与培训内容和受训者的背景有关 • 必须有效地询问
前期准备	• 游戏内容、道具、场地、规则说明、游戏手册等需要提前准备好
基本流程	• 受训者们参加一个练习，其中可以用竞争、合作，或两者兼备，来实践前面学过的理论和原则 • 应尽量有趣、活跃和主动
实施要点	• 游戏必须与培训的主题相关 • 游戏不在于多，而在于精 • 风险要小 • 为了活跃气氛，讲师可以对游戏的进展情况进行现场录像，之后带领受训者进行回顾，并引导受训者进行讨论
举例	• 进行团队建设训练中使用的一些团体游戏 • 沟通技巧的培训中使用的游戏

表 6-8　深度询问

培训方法名称	深度询问
适用的学习风格	适应者（感觉 / 行动）
应用环境	• 制定一个“可能性蓝图”（即决定能够、应该和将会是什么） • 获得新的视角 • 提供支持和资源 • 消除前进道路上的障碍

续表

培训方法名称	深度询问
优点	● 创造一个相互询问的氛围（如支持、激发、鼓励、提供承认） ● 深入探讨问题的本质 ● 便于掌握界定问题的方法与技巧 ● 讲师可以用这种方法从受训者个人或群体那里获取信息
不足	● 结论受制于受训者的水平 ● 被询问的受训者有可能会有意识地隐瞒相关问题 ● 可能无法对问题或障碍因素形成全面认识
前期准备	● 事先准备访谈提纲
基本流程	● 受训者们逐一或分小组进行访谈 ● 讲师通过卡片或单独交谈将问讯内容告知一方受训者 ● 受训者实施，并记录要点 ● 围绕回答，继续进行询问与讨论
实施要点	● 需要合适的提问技巧 ● 鼓励受训者的参与
举例	● 列举出一系列成就 ● 评估一个项目，策划改进 ● 多方面深入问题的本质 ● 就孤立的、不对称的信息进行发掘与补充

表 6-9　行为模型

培训方法名称	行为模型
适用的学习风格	适应者（感觉 / 行动）
应用环境	● 讲授一种具体的技能
优点	● 该练习是实践性的 ● 提供简单、清晰的步骤 ● 反馈迅速而直接

续表

培训方法名称	行为模型
不足	• 人们抵制角色扮演，至少最初是如此 • 受训者们或许不能完全理解应用的理论 • 这些步骤过于简单化 • 对受训者的态度不够重视
前期准备	• 场地、步骤、声明和资料
基本流程	受训者运用 4 步法实践一种技巧： 步骤 1：向受训者演示各步骤 步骤 2：演示有效的行为（用视频资料） 步骤 3：受训者们练习运用这些步骤 步骤 4：受训者们得到关于其行为的反馈
实施要点	• 过程的分解必须清晰，每个过程必须有一个明确的步骤或主题
举例	• 分解一个销售的过程

表 6-10　个案研究

培训方法名称	个案研究
适用的学习风格	聚集者（思考 / 行动）
应用环境	• 测验 • 评论 • 举例说明情景和过程
优点	• 开发解决问题的技能 • 能够致全力于具体的学习目标 • 受训者们积极参与 • 系统性

续表

培训方法名称	个案研究
优点	● 如果用一个真实的案例，受训者们可以在学习过程中解决真正的问题 ● 共享和分担 ● 迅速（小型案例） ● 适用于各种培训领域
不足	● 受训者们必须在得到反馈之前完成练习 ● 不自然，所学到的知识（除非是用一个现实的或真实的案例）可能难以直接运用到工作中 ● 缺少密切的督导，受训者们可能用很多时间去寻找一种错误的，或者低效率的解决方法 ● 以评估为出发点，而不是为了真正的实践（即运用和学习的是一种主观理论，而非现实理论） ● 费时
前期准备	● 必须提前准备好该个案和资料
基本流程	● 通过口头或书面方式向受训者提出类似于工作中的一些问题，要求他们进行分析，并提出解决建议 ● 受训者们可独自思考，也可以小组的形式解决问题 ● 一个变体的形式被称为微型案例。即向 5 ～ 15 名受训者组成的集体描述简要的状况，然后由他们讨论应该如何解决这一案子，要聚焦于关键的事实
实施要点	● 要实现明确的个案研究的目的，即究竟是需要找出问题的解决途径、就某一工具进行练习，还是锻炼受训者的思路，在这些问题确定后再考虑如何进行
举例	● 让受训者分析一个关于两个行政部门之前沟通不畅的例子。他们的任务是，找到一些方法来解决该两个行政部门之间缺乏合作和信息共享的问题

表 6-11　诊所

培训方法名称	诊　所
适用的学习风格	聚集者（思考／行动）
应用环境	● 就某一具体问题进行细致讨论且必须找到合理的解决方法时
优点	● 提供一个核心焦点 ● 实用且相关性强
不足	● 知识可能不够充分
前期准备	● 受训者必须熟悉要讨论的问题
基本流程	● 受训者聚集起来，分析和解决他们在工作中碰到的一个具体问题
实施要点	● 必须就问题的背景进行深入细致的介绍 ● 要根据问题的属性确定是需要具有不同背景的人参与解决还是具有相近背景的人参与
举例	● 如何就一突发性危机进行解决的讨论

表 6-12　教练

培训方法名称	教　练
适用的学习风格	适应者（感觉／行动）
应用环境	● 帮助他人开发潜能 ● 帮助他人克服行为表现中的不足和缺陷
优点	● 学习高度集中，并且个人化 ● 反馈和支持是直接的、具体的 ● 该过程是主动、积极和挑战性的

续表

培训方法名称	教　练
不足	● 对教练而言、太费时 ● 要求受训者与培训班领导者之间有一种良好的互动关系（如一种有效的教导关系）
前期准备	● 需要教练前期通过多种方式全方位了解受训者的情况，有针对性开展
基本流程	● 受训者们逐一或按小组的方式从你那里得到教练 ● 教练的一个变体形式是教导。它是在工作中完成的。你或者一位优秀的受训者来进行阐释和支持，为其他人提供指导和反馈
实施要点	● 指导应该重视过程而非结果，重视从受训者的出发点解决问题
举例	● 培训班领导者可能在培训班的各阶段之间就某受训者的难点问题对其进行专门指导（如在处理矛盾和冲突方面、在激发一个讨论方面等）

表 6-13　观点和视角对比

培训方法名称	观点和视角对比
适用的学习风格	吸收者（思考 / 观察）
应用环境	● 受训者们提出观点和信息后予以归类，以便进行进一步的培训
优点	● 迅速地产生许多重要数据和观点 ● 对局势有一个全面的、均衡的了解
不足	● 有时受训者不会聚精会神于其积极因素

续表

培训方法名称	观点和视角对比
前期准备	• 为资料收集设定一个清楚的核心和时间限制 • 有足够多的墙上空间以便贴放完成了的便笺页 • 每一小组一本便笺纸。要有充足的便笺纸
基本流程	• 收集数据以评估局势 • 在一个集体内产生一种观念的均衡态势
实施要点	• 其中的优势、劣势、机会和威胁必须尽可能的具体
举例	• 准备一个战略策划项目的总体构想（优、劣、机会和威胁）

表 6-14　辩论

培训方法名称	辩　　论
适用的学习风格	适应者（感觉／行动）
应用环境	• 揭示一个问题的各个方面
优点	• 产生相反的观点和证据 • 激发感情、活力，而且往往很有趣
不足	• 强调胜利，鼓励竞争，这可能会削弱一个集体内部将来的合作 • 能鼓励并得到偏狭的观点 • 没有踊跃参加的受训者将在一定时间内进行消极学习
前期准备	• 必须审慎选择待争论的问题
基本流程	• 两组受训者问题的两个对立面分别进行辩护 • 受训者们轮流陈述他们的观点，同时其余的受训者记录，并准备在争论后提出问题 • 进行必要的总结与陈述，求同存异

续表

培训方法名称	辩　论
实施要点	• 以对于问题的研究为主，禁止人身攻击
举例	• 就新产品的研究方向进行辩论，以明确今后研发工作如何进行

表 6-15　演示

培训方法名称	演　示
适用的学习风格	• 偏离者（观察）(感觉 / 观察) • 适应者（投入）(感觉 / 行动)
应用环境	• 教授一项技巧 • 激发运用一种方法或程序的兴趣和信心
优点	• 成本较低
不足	• 回想可能有限 • 为确保受训者理解了为什么一种程序是按一定的方式（而非其他方式）来演绎的，需要进行询问
前期准备	• 视频教材与播放器材 • 合理的演示步骤 • 合适的座椅摆放
基本流程	• 受训者观察一项被正确展现的任务或程序 • 演示可以是面对面的，也可以通过视频资料
实施要点	• 演示必须精准，否则会以误导而告终
举例	• 演示一个机床的安装程序

表 6-16　对话（或称为“研讨、讨论”）

培训方法名称	对话（或称为“研讨、讨论”）
适用的学习风格	适应者（感觉 / 行动）
应用环境	● 揭示一个问题 ● 形成各种观点
优点	● 创造兴趣 ● 刺激思考 ● 有专家参与的讨论会为受训者的进展提供有意义的反馈
不足	● 观察者们通常是消极、被动的 ● 专家的存在可能会使受训者望而却步
前期准备	● 对话的内容应与受训者的背景、培训的主题相吻合
基本流程	● 两个人（比如受训者和主持人）举行一个谈话，其他的受训者在旁边进行观察 ● 或者，谈话也可以在你和全部受训者集体之间进行，有或没有主持人在场均可 ● 观察对话的受训者们记录，并写下稍后准备提出的问题
实施要点	● 关键在于这一谈话应该是就一个主题开放地交流思想。应尽量减少鼓吹（谈论并推销），而要尽量多地垂询（倾听和发现，这需要一个开放的思想） ● 参与者可能会提出相反的意见，或者仅仅是用老生常谈的话来讨论一个问题 ● 对话的宗旨不是要达成一种解决办法或者让某一观点取胜，相反，应聚焦于分享信息和观点
举例	● 就职业经理人在空降企业中作用的发挥与变革中遇到的问题进行对话，让受训者观察、记录并参与稍后整个受训者集体的讨论

表 6-17　实地考察

培训方法名称	实地考察
适用的学习风格	偏离者（感觉／观察）
应用环境	• 当知识和原理的运用较易于演示而不是描述的时候 • 当关系的培养具有重要意义的时候
优点	• 创建相关性 • 激发兴趣 • 培育良好的关系
不足	• 成本高、耗时长 • 可能变得目标不明确（一次随意的观光） • 关键性的知识可能有遗漏（比如，受训者可能深受该流程的某一环节的吸引，而忽视了从整体上对流程的组织进行把握）
前期准备	• 往往需要大量的预备工作和必要的协调
基本流程	• 把一群受训者带到某地，去观察一个具体的工作流程 • 这一考察是专为学习（通常观察和分析的方式）而精心设计的，不是一次随意的观光或旅游
实施要点	• 由于每个人的观点是不同的，因此，实地考察中他们的关注点可能会有所差别，讲师应该事先拟订相关的观察要点提纲，事先发给受训者并在实地考察后即刻进行讨论 • 该方法经常与其他的方法配套使用
举例	• 总公司组织各个分公司到现场管理好的分公司去实地学习

表 6-18 练习

培训方法名称	练　习
适用的学习风格	聚集者（思考 / 行动）
应用环境	● 学习一项技能 ● 提高和改进行为的质量和效率
优点	● 帮助记忆 ● 学习的知识被强化 ● 行为得到加强
不足	● 可能枯燥或乏味，不具挑战性 ● 根据受训者的不同，练习可能具有一定的强制性，讲师也可能不讲授为什么一项技能很重要，或者为什么要按一定的方式去实行，这可能对技能水平高的受训者带来负面的影响
前期准备	● 清晰的步骤和进程 ● 操作手册
基本流程	● 受训者们反复实践一项技能 ● 讲师可以组织受训者轮流进行，或者同时进行 ● 之后讲师组织讨论，就练习中受训者感受到的难点、重点给予解答与强调
实施要点	● 受训者的反复练习与最后讲师带领受训者进行的回顾是必要的
举例	● 在信息系统中练习进行某项模拟任务 ● 技术人员练习装配某个新的设备

表 6-19　一篮子方法

培训方法名称	一篮子方法
适用的学习风格	聚集者（思考／行动）
应用环境	● 用于检验行政的、判断的、组织的和决策方面的技能 ● 评估和比较受训者的能力（如管理评估中心）
优点	● 能够模拟实际工作的情景
不足	● 若缺乏有效的查询和更正，就会导致知识的缺损 ● 在准备练习材料时要做大量的工作
前期准备	● 足够数量的背景资料或卡片，或从不同角度准备的各类文件与资料
基本流程	● 给受训者各种准备好的东西（就像用一篮子装好给他们一样）。受训者们按优先顺序对这些内容进行排列，做出决定，解决困难，并对限期完成的最后期限做出反应
实施要点	● 应该为每个组、不同的受训者尽量准备不同的背景资料 ● 这些资料应该被他们所共享，并对其中的信息做出反馈意见 ● 筛选信息是必要的步骤
举例	● 比较一群受训者之间如何能更好地安排轻重缓急的次序，对一项重大的任务、问题和要求做出反应

表 6-20　程序化培训（或称为“流程式培训”）

培训方法名称	程序化培训（或称为“流程式培训”）
适用的学习风格	聚集者（思考 / 行动）
应用环境	• 实际培训和指导
优点	• 个人化的 • 自测性的 • 实用的
不足	• 研发和完成需要耗费大量时间 • 可能变得枯燥乏味
前期准备	• 完成一项工作的清晰步骤
基本流程	• 通过一步一步的程序，引导受训者们“实际地”完成一项任务。也被称为“工作岗位上”的培训
实施要点	• 流程的分解一定要符合公认的步骤 • 每个步骤必须有被认可的标准
举例	• 培训雇员如何运用新的包装设备

表 6-21　构思

培训方法名称	构　思
适用的学习	风格消化者（思考 / 观察）
应用环境	• 评估或分析一个复杂的问题或机遇 • 帮助受训者梳理其对一个复杂的、多维度的问题的认识 • 厘清一个主题下（如问题、机会）各要素及其相互之间的关系
优点	• 鼓励直觉和创造性思考 • 绝大多数人是主要靠视觉图像来学习的，构思将产生一幅展现其复杂性和内在联系的局势图片。确保一个问题的所有要素和部分（至少是核心和关键要素）都纳入视野

续表

培训方法名称	构　思
不足	● 如果没有一个清晰的"起步框架"或主题，你将以搜寻许多不相干的想法或要素而告终 ● 你必须乐于数次重思、对话、重组和重新排列优先次序，否则你将湮没在复杂性之中
前期准备	● 建立一个自由联想，非评价性的、创造性思考的环境 ● 展示一幅关于思维形成的简图，同时"播种"下一些例词或例句 ● 空间：免除干扰的地方 ● 设备：各种不同的彩色标记，大量纸张（比如，5 ～ 7 人的小组需要大约 4 本便笺纸）
基本流程	● 受训者们根据集体讨论的原则（即，自由联想、开始时不进行评价、创造性思维）广泛深入地观察一个项目、问题或机会，从便笺纸的中央开始，写下一个词语或短语来准确地表达出头脑中的主题或中心观点 ● 受训者们在列举各种观点和想法时，用连线把它们连接起来 ● 受训者们尽量列举所有可能的因素或问题 ● 然后，对不同类别进行分类着色，以表明其额外的关系
实施要点	● 不要担心和考虑逻辑水平、逻辑顺序和逻辑关系，受训者们可以仅仅用单词或短语、在纸上写下所有相关联的信息 ● 受训者们大多需要重构思维至少一次以上，以按类别重组各要素，彰显各要素之间的关系和联系 ● 所需时间较长：最初的构思大约需要 30 分钟至 1 小时，对话、重构和修正则另需 1 ～ 2 小时，因此，需要活跃气氛、鼓励受训者参与
举例	● 设计一期培训班 ● 准备一个演讲 ● 准备处理一个问题，或撰写一份报告、一篇文章或一本书

表 6-22　名义群体技巧

培训方法名称	名义群体技巧
适用的学习风格	消化者（思考／观察）
应用环境	• 帮助受训者群体做出决定（尽管有时间压力、受训者之间的低信任度或非面对面的方式等不利因素） • 克服群体中的政治和地位等敏感问题 • 从受训者群体中获取信息输入，同时仍保持决策独立性的权威（在受训者中进行民意调查，但却不必让他们卷入决策） • 从一个大集体中迅速地获得解决问题的思路，并产生很多想法
优点	• 有助于受训者匿名地提出问题、表达观点，同时把对因此而招致惩罚的恐惧降到最低 • 适用于很大规模的集体 • 可能比其他方式（如非匿名方式）能更准确地收集到信息 • 能迅速地产生许多数据 • 受训者们可以在不同的地方 • 每一个受训者都有机会做出贡献 • 适用于低信任、高风险的局势
不足	• 与一个具体场景无关的那些问题影响和作用较小，由于是匿名形式，所以可能没有及时的响应和附议 • 如果陈述问题，将深刻影响所获观点想法（输入）的类型 • 在集体中讨论各种反应，将导致信息的保留和压抑，或者该信息的提出者很容易被辨认出来 • 人们容易放冷枪，而不会为他们的评论或观点负个人责任 • 问题必须清晰地加以陈述

续表

培训方法名称	名义群体技巧
前期准备	● 对待议的问题进行一个明晰具体的界定 ● 在受训者群体中就一个问题达成共识，即任何人不得泄露是谁提出了某个问题或信息（即输入始终是匿名的） ● 空白白板或墙面空间 ● 便笺纸若干
基本流程	● 受训者单独思考，并匿名地写下一些想法或问题。把书面的反应收集上来，当众朗读，并记在便笺纸上 ● 依次讨论每一个想法（和集体讨论的规则一样，要鼓励就事论事，就不清楚的地方提问，而暂时避免评价）。可以用投票来排列这些想法的先后次序 ● 一种开展形式是写小纸条。即受训者们把自己的想法或问题写在小纸条上，然后收集起来交给讲师，由讲师当众朗读这些小纸条的内容。受训者群体对这一匿名的想法或问题进行讨论，做出反应
实施要点	● 禁止对个人进行攻击
举例	● 员工对他们老板的抱怨和不满，在培训班中进行公开的讨论，同时不用特别担心自己提出了哪一条怨言，而被辨认出来

表 6-23　自由组合小组

培训方法名称	自由组合小组
适用的学习风格	适应者（感觉 / 行动）
应用环境	● 让受训者们决定，应该讨论什么问题，然后让他们在自己感觉合适的问题上负起责任

续表

培训方法名称	自由组合小组
优点	● 受训者们负责地提出该培训班应该解决的一切问题 ● 受训者们组织起来处理和解决那些最令他们感兴趣的问题
不足	● 在要提出多少个问题上，几乎没有办法去控制，甚至会完全失控
前期准备	● 略
基本流程	● 让受训者们在便笺纸上写上与该主题相关联的一些问题。每个受训者必须乐意去参与其中的一个问题的讨论 ● 一旦每个人的问题（如关注点，兴趣等）在便笺纸上写下来，受训者们就对那些令他们感兴趣的问题进行讨论，然后他们自己组织起来“解决这个问题”（即，框定利害和机会，为行动找出选择方案和建议）
实施要点	● 受训者必须对他的专业驾轻就熟，同时愿意去完成某件事
举例	● 一群经理人确认其公司内的利害问题，同时自动组织起来想尽快地找到有关的解决办法

表 6-24　专门小组

培训方法名称	专门小组
适用的学习风格	● 偏离者（倾听）(感觉／观察) ● 适应者（在专门小组中）(感觉／行动)
应用环境	● 提出和比较许多观点 ● 通过共享差异、参与、挑战专家等方式鼓励积极主动的学习 ● 大规模的群体 ● 理解复杂的程序和系统，认识到完成一项任务有许多种方法

续表

培训方法名称	专门小组
优点	● 捕捉到大量观点 ● 受训者们有机会亲自参与（扩大了的专门小组） ● 让受训者和专家位于一个平等的位置（会谈） ● 除了有效的提问技巧以外，几乎不需要进行其他的准备 ● 可以产生许多竞争观点（交谈）
不足	● 要求利用专家们的时间 ● 与受训者的讨论有些正式和受拘束 ● 不是所有的受训者都能参与 ● 让受训者置于某种压力之中（扩大了的专门小组） ● 在与一个专家交谈的情况下，受训者们只能得到一个人的观点 ● 专家们可能会混淆他们的意图和实际行动（信奉的理论与实际运用的理论之间） ● 受训者们可能意识不到他们所提问题中蕴含的假定 ● 当交谈是由培训领导者来做时，受训者们是消极的 ● 难以控制
前期准备	● 与专门小组成员协调。对专门小组讨论的核心主题加以确定
基本流程	● 第一种形式是专门小组的专家们轮流进行简短的陈述，然后讨论一个问题，受训者们观察全过程。在专门小组成员说完之后，受训者提问。一名主持人引导讨论的方向 ● 第二种形式是扩大了的专门小组。在这种形式中，受训者们可以依次加入专门小组，进而积极参加讨论 ● 第三种形式是会谈。这种更新过的专门小组由受训者代表和专家共同组成，双方各占一半名额。专门小组里的受训者向专家提出问题。受训者在专家面前提出的这些问题可以事先经过受训者群体的初选 ● 第四种形式是交谈。受训者与一位专家或一个专门小组的全部专家进行交谈

续表

培训方法名称	专门小组
实施要点	● 略
举例	● 在一期关于教练技能的培训班上，受训者们向由经理人组成的专门小组（他们都有实际工作中积累的正式教导的经验）提各种问题

表 6-25　提问和回答

培训方法名称	提问和回答
适用的学习风格	适应者（感觉 / 行动）
应用环境	● 对已有初步知识技能基础的受训者进行提高培训或强化记忆
优点	● 非正式的 ● 最少量的准备时间 ● 能够激发受训者的主动性
不足	● 缺乏系统性，可能导致低效率，或者容易挫伤受训者 ● 一些受训者或许会选择消极旁听
前期准备	● 可以准备一些能够激发受训者兴趣的方式来进行，如小礼品等
基本流程	● 讲师概括培训内容，主要通过向受训者提问的方式由受训者回忆主要的培训内容 ● 也可以采用受训者互相提问或由受训者向讲师提问的方式进行
实施要点	● 提问的范围尽可能广，让每个受训者均参与其中 ● 要避免冷场
举例	● 说出提问式销售法的几个基本步骤以及其中的关键问题

表 6-26　小测验

培训方法名称	小测验
适用的学习风格	消化者（思考 / 观察）
应用环境	● 自我评估 ● 复习要点
优点	● 迅速了解受训者对知识、技能等培训内容的掌握情况 ● 有助于集中学习，强化培训效果
不足	● 如果不能充分涵盖所学内容，将弱化其作用 ● 一些受训者对任何类似考试的事情都有一定的行为焦虑
前期准备	● 测验题目必须提前准备好 ● 在培训前应对受训者说明培训结束后有测试安排，让受训者有所准备
基本流程	● 可以以笔试或口试的形式进行，之后应该立即给受训者打分，让他们明确自己的掌握程度，对于成绩不好的受训者应安排相关补救措施强迫其掌握培训内容
实施要点	● 略
举例	● 进行一次关于督导技巧的口头测试 ● 学生们通过完成其学习指南手册里的自我测试题，来评估他们自己的知识

表 6-27　阅读

培训方法名称	阅　读
适用的学习风格	消化者（思考 / 观察）
应用环境	● 给受训者布置待阅读的资料（如选定的论文或书籍）

续表

培训方法名称	阅　读
优点	• 让受训者深层思考和检验理论 • 自我进行研究，便于培养受训者的主动性 • 由受训者自我把握进度
不足	• 受训者有可能消极对待 • 回报率可能较低 • 某些人讨厌阅读。他们有可能不做布置的作业
前期准备	• 向受训者提供关于一个主题或理论的额外背景资料或阅读书单
基本流程	• 在培训前、进程中或结束后均可以发给受训者相关的资料，利用所学的理论或工具对资料进行研究，从而找出答案
实施要点	• 资料应该尽可能详尽，帮助受训者全面练习所学知识
举例	• 要求受训者利用所学知识对自己所负责销售区域的渠道结构进行分析

表 6-28　反思

培训方法名称	反　思
适用的学习风格	消化者（思考 / 观察）
应用环境	• 当需要个人的观点时 • 当讲师希望受训者们把新学到的东西整合进他们旧有的知识体系中时
优点	• 把学习内容同实践和信念联系起来
不足	• 难以评估受训者是否真正投入和参与（换言之，容易做假）

续表

培训方法名称	反　思
前期准备	• 动员受训者学习，并乐于挑战他们自己的假设
基本流程	• 给受训者们一段时间，让他们单独回顾和思考已经学习、讨论和陈述过的内容 • 要求他们评估这些内容的实用性，并思考如何将之运用于自己的工作实践
实施要点	• 讲师应该带领受训者进行反思，但不能完全代替受训者进行思考 • 反思可以和小组讨论结合起来使用
举例	• 在培训班一天一次的总结之前，给受训者们 15 分钟的时间，让他们反思一下，他们在当天发现了什么有价值的东西，以及他们将如何运用于工作中

表 6-29　角色扮演

培训方法名称	角色扮演
适用的学习风格	适应者（感觉 / 行动）
应用环境	• 受训者们需要面对面互动的情景（如学习人际关系技巧） • 试验敏感的或有潜在争议的行为 • 在诊断和问题解决中培训他人 • 激发讨论
优点	• 受训者被卷入具体的、与工作相关联的体验中，便于后期培训内容在工作中的转化 • 受训者们就其表现能得到迅速的反馈 • 受训者们互相支持和帮助 • 受训者们在团队中完成一个共同的任务

续表

培训方法名称	角色扮演
不足	• 受训者们往往对扮演一个角色感到不自在 • 如果不精心组织，时间的效率很低 • 角色扮演的好坏与工作中的表现没有直接必然联系
前期准备	• 动员受训者参与 • 制作详细的背景资料与角色说明卡片 • 测试受训者的风格，确定他们能够喜欢这样的培训形式
基本流程	• 基本形式：受训者们扮演实际工作的情景，以便试验新技术。然后询问他们在角色扮演中说和做得如何 • 变化形式： • 对质（比如，一个受训者与另一受训者面对面，被要求回答问题、解决问题或解决抱怨等） • 协商（比如，一个受训者努力帮助一个委托人解决一个问题） • 法官技巧（审判一个人或审查一种局势，受训者们努力找到一个错误完成任务的后果） • 替身（即另一位受训者站在该角色扮演者的后面，像另一个自我那样活动，以便夸张或揭示出角色扮演者没有表达出来的感情） • 独白剧（即只有一个角色，该角色扮演者表演独白，其他受训者观察） • 多角色演出（即许多独立的角色同时扮演） • 角色反转（即受训者们假扮在工作中实际与之打交道的他人的角色） • 角色循环（即受训者们轮流短暂地扮演某个角色） • 大段独白（即简短地扮演一个角色，以便于一个或更多的受训者能够被采访）
实施要点	• 为了活跃气氛，可以采取摄像、自我解嘲、评选最上镜受训者等多种形式进行
举例	• 两个受训者扮演下属和老板的对质角色，以练习冲突解决技巧

表 6-30　敏感性训练

培训方法名称	敏感性训练
适用的学习风格	适应者（感觉 / 行动）
应用环境	● 获取关于一个人在别人眼中形象的具体、直率甚至是情绪化的反馈
优点	● 可以导致个人的改变
不足	● 危险（在这种亲密层次的反馈可能是令人痛苦的） ● 激发者应该具有娴熟的人际关系技巧（也就是说，他 / 她需要被训练成一名精神治疗专家） ● 可能使一个群体在共享的道路上走得过远。如果没有恰当的激发者，这个群体在一种亲密层次上的共享程度若超过了一种有效的工作关系的必要程度，人们会受到伤害。言者无意，听者有心。（你不可能把已挤出来的牙膏重新放回去。）这可能对关系造成永久的伤害
前期准备	● 受训者完全在一种友好的氛围内进行，并乐于与其他人分享自己的一切
基本流程	● 受训者加入一种集中的人际关系体验。他们一起相互作用，彼此从对方获取反馈，以了解他们自己的行为，以及他们的行为对别人的影响
实施要点	● 一种群体诊疗法的温和形式，这一方案需要由一个经验丰富的专业人士来激发和指导
举例	● 一些建构团队的培训多少涉猎到敏感性训练

表 6-31　模拟

培训方法名称	模　　拟
适用的学习风格	适应者（感觉 / 行动）
应用环境	• 复杂的技术培训，这些技术在实际的工作中可能较昂贵、危险，或者根本不可能做到（比如，飞机降落技术，瓦斯泄露处理等）
优点	• 在一个无危险的环境中练习 • 练习是经验性的 • 练习的结果为受训者提供反馈 • 一次模拟能让学习者学到多于讲授的内容的东西 • 有助于各小组认识到团队协作的重要性。（有时，最有效的点子来自最不起眼的人） • 成本低（比如，在一个模拟飞行器中培训一名飞行员的成本，远远低于在真正的飞机中的培训）
不足	• 研发和维持模拟可能比较昂贵而费时 • 受训者们可能难以充分理解，他们为什么得到某一个结果
前期准备	• 清晰地界定要解决的问题 • 必须提前安排好练习
基本流程	• 安排好一种布局或情景训练环境，以便让受训者能够在准工作环境中去实践一个任务 • 第二种形式是实验室，即一个允许受训者进行实验和检验的训练基地。这可用于技术培训、科学培训，或人际关系的培训 • 第三种形式是迷宫行动。受训者通过做出许多决策来解决一个问题。这些决策决定着受训者下一步将做什么。练习复杂的、要求技巧、知识和判断的技术

续表

培训方法名称	模　　拟
实施要点	● 略
举例	● 经理人进行沙盘模拟训练 ● 建构团队模拟（比如，在森林中求生存，建造一个模型等） ● 培训商业飞行员的飞行模拟

表 6-32　滑稽短剧

培训方法名称	滑稽短剧
适用的学习风格	适应者（感觉／行动）
应用环境	● 演示一种技能 ● 为分析和讨论提供资料，或者阐释一些原则
优点	● 生动
不足	● 准备时间长 ● 不是所有的受训者都参与，有些仅仅是观察者
前期准备	● 精心准备演出
基本流程	● 受训者们做一个事先演练过的简短而喜剧性的表演
实施要点	● 略
举例	● 一群销售代表通过演示与一名顾客的面谈，来演示他们的销售技巧

表 6-33　故事分类组合

培训方法名称	故事分类组合
适用的学习风格	消化者（思考 / 观察）
应用环境	• 组织和清理复杂的局势
优点	• 能够把非常模糊含混的问题、项目加以逻辑化和秩序化 • 线性思考者尤其喜欢这种方法，因为它能建构事务的顺序，进而减少复杂性
不足	• 耗费时间，因此只能用于非常重要的问题或事务
前期准备	• 确保要点清楚而集中 • 告知受训者群体，让他们准备好把许多无序的问题归类秩序化，但还不要解决这些问题 • 充裕的墙上空间和屋内空间 • 设备：大量的卡片（大约 3mm × 5mm）或同等大小的贴士、彩笔若干
基本流程	• 首先就要点达成共识，然后受训者确认一个项目、机会等的主要的类别、标题、小标题、主题等 • 其次，整个群体或者分小组，对全部的问题或某些指定的次主题进行研究 • 这一过程需要进行不同层次的反复，主要随主题卡片和次主题卡片的重组排列、更改和改组而动 • 直到类别无重大重复时为止 • 其目标是在松散的问题或事项之中发现模型、类别和实质
实施要点	• 略
举例	• 评估一个项目 • 为董事会起草一个发展计划 • 起草一份项目报告或一本书 • 为培训班或培训项目设计一个日程表

表 6-34 讲故事

培训方法名称	讲故事
适用的学习风格	● 偏离者（听故事）(感觉 / 观察) ● 适应者（讲故事）(感觉 / 行动)
应用环境	● 让受训者表达他们的价值观、态度、信念和个人偏好 ● 提供实际经验，说明学习资料的价值，或者强调一个事务或主题的重要性 ● 就某人自己的（或他人的）价值观、喜好、希望和关注点获得新的视角
优点	● 受训者们能在过去类似经历的基础上彼此联系 ● 就何时和如何在实际工作中运用所学的知识这一问题，提供范例 ● 受训者们以他们主动选择的、相对安全而非强制性的方式，共享自己的部分经历 ● 故事提供的资料比纯粹理性的、逻辑的和分析得出的数据更加丰富而人性化
不足	● 有些受训者可能选择被动消极地学习 ● 可能比较耗时（比如，每个故事加上一些问题，可能要花半个小时）
前期准备	● 大家就故事的目标、焦点或主题达成共识 ● 分小组，并限定时间 ● 确立一种倾听、共享和理解的气氛 ●（可选择）先讲一个相关的故事以抛砖引玉，或者演示一下讲故事的程序 ● 受训者们必须准备好在一种感性的层面上达到一定的共享
基本流程	● 一个或几个（或者每个）受训者讲述一个与拟议主题相关的故事。然后就每个故事进行简短的讨论，在便笺纸上作要点记录

续表

培训方法名称	讲故事
实施要点	• 略
举例	• 一群经验丰富的经理人讲述他们在多年的公司经理人生涯中，成功和失败的，关于处理纪律问题的故事 • 一个新近组成的工作小组（即随着公司合并、新的工作任务和项目等而设立的工作小组）在小组内部谈论他们过去的经历，包括他们的希望、期待和焦虑

表 6-35　学习指南

培训方法名称	学习指南
适用的学习风格	消化者（思考／观察）
应用环境	• 让受训者快速查阅，以便确知该培训领导者认为什么是重要的
优点	• 帮助受训者集中注意力 • 为自我评估提供有价值的依据
不足	• 可能导致对受训者进行填鸭式培训，因为它告诉受训者哪些东西重要，而不是让他们自己去决定和发现
前期准备	• 略
基本流程	• 为受训者提供一份“路径指示地图”，供其在学习一个课题时参考。这往往包括核心学习要点的概要。这份学习指南可以包含许多类型的活动和资料，既可供单人使用，也可供集体使用
实施要点	• 一份精心准备的学习指南
举例	• 受训者们运用学习指南，以决定对一本工作手册中的哪一部份应该予以特别的重视

附录　贝尔宾团队角色测试

由于培训需要讲师与受训者、受训者之间多方面的配合才能完成，因此，在设计培训方法时，对受训者在团队中扮演的角色进行测试是一件很重要的事情。

1. 团队角色的分类

团队角色的分类方法有很多种，其中以贝尔宾（Belbin）的研究最有影响。他将基本的团队角色分为以下几类：

- 领导
- 规划人员
- 全体员工
- 监控人员
- 公司员工
- 团队员工
- 资源调查人
- 最终完成人

这八个角色构成了一个完整的团队，而团队角色的完整性确保了各种必要活动的顺利执行，这其中就包括培训。

2. 测试团队角色

读者可以按照以下步骤进行自我测试，了解自己在团队（或项目工作）中扮演的角色。

该测试通过三步完成。

第一步，完成表 6-36。

表 6-36　贝尔宾团队角色自我测试

贝尔宾团队角色自我测试
说明： □ 下面共有七个题目，每个题目下有八个备选项，每个题目可以得 10 分； □ 请在这八个备选项中选出您认为最适合自己的描述； □ 结合实际情况对适合自己描述的选项进行打分，这 10 分有可能在几个选项之间分配，也有可能分给所有的选项或只分配给一个选项； □ 将相应的分值计入表 6-37。 第一题：我相信自己可以在以下方面对团队有所贡献： a. 我认为自己善于发现新机会并紧紧抓住它； b. 我可以和各种各样的人一起工作； c. 我经常有一些好的想法； d. 我的特长是在察觉到组员对完成小组目标有好意见时，能让他们无顾虑地畅所欲言； e. 我个人卓有成效的处事方式是我凡事能坚持到底的主要原因； f. 我可以接受这样的现实——即便我的观点短时内不被认可而最后证明我是正确的； g. 我能够很快联想到在一个我所熟悉的环境中是怎样从事类似工作的； h. 对于不同的方案，我能不带任何感情色彩进行详尽地、充分的论述。 第二题：如果我在团队工作中有一个小毛病的话，这个毛病可能是： a. 除非会议被安排得井井有条并且顺利进行，否则我不会感到轻松自如；

续表

b. 我有可能对那些持有正确观点但尚未被认可的人过于慷慨、大度；
c. 当大家一起努力寻求新的观点或解决途径时，我总是爱发表很多自己的意见或观点；
d. 我的一些客观的见解让我难以轻而易举地、热情地与同事们一起工作；
e. 如果有必要将某件事贯彻到底，我有时会被别人认为容易压制别人、独断专行；
f. 我发现自己很难成为一个带头人，或许是因为我对于团队的氛围过于敏感；
g. 我容易陷入具体的问题而忽略或迷失了自己应该努力的方向；
h. 我的同事们总是认为我没有必要纠缠于某些细节或某些可能导致出错的地方。

第三题：当您与其他人一起做一个项目时：
a. 我不喜欢通过采用施加压力的方法来影响别人；
b. 我通常时刻保持着警觉以防止粗心大意造成错误；
c. 我总是迫切要求付诸行动以免会议流于形式或迷失了主要目标；
d. 我总是被认为会有一些新颖的观点；
e. 我总是从共同的利益出发去支持一个好的提议；
f. 我喜欢不断探索新的观点和发现；
g. 我相信别人都很赏识我冷静判断的能力；
h. 别人总是依靠我去检查是否所有重要的工作都已经安排妥当。

第四题：在团队工作中我个人的性格倾向于：
a. 我总是期望、也有兴趣更好地了解同事；
b. 我愿意挑战别人的观点或是自己坚持一个与众不同的观点；
c. 我通常可以发现很多对自己有利的证据去驳斥那些谬误的观点；
d. 当计划就要实施的时候，我认为自己有能力推动计划的开展；
e. 我倾向于避免想当然的推断，总是提出一些出人意料的观点；
f. 对于团队中的任何工作我都希望将其做得尽善尽美；
g. 我愿意使用团队之外的关系去工作；
h. 尽管我对所有的观点都很有兴趣，但是当面临着选择时，我总是毫不犹豫地做出自己的决定。

第五题：我在工作中可以得到满足是因为：
a. 我喜欢分析形势并权衡所有可能的选择；

续表

b. 我喜欢找出真正能够解决问题的方案；
c. 我感到很欣慰的是我在尽力培育良好的工作关系；
d. 我可以对结论施加强有力的影响；
e. 那些希望与别人分享自己新观点的人总是可以和我达成共识；
f. 我有能力促使别人接受开展行动的重要方针；
g. 我确信自己可以全力以赴应对自己的任务；
h. 我喜欢在一个可以使自己想象力得以充分发挥的领域内工作。

第六题：如果我突然被分配了一个艰巨的任务，这个任务需要在有限的时间内和一群自己不熟悉的人共同完成，
a. 我准备退到一边，在大家达成共识开始工作之前考虑怎样打破僵局；
b. 我愿意与表现得最积极的人合作，即使他（她）可能难以相处；
c..我尽量找出一些办法，通过给每个人合理分配他（她）可能最有能力做好的任务来减轻整体任务压力；
d. 我对紧急任务有本质的感觉以确保我们能够顺利按照时间表完成工作；
e. 我相信自己能够时刻保持清醒并意识到下一步应该做什么；
f. 尽管有压力，我还是能够坚持自己的观念；
g. 如果我感到大家没有取得进步，我愿意主动站出来带领大家前进；
h. 我将本着鼓励新想法和推动工作进行下去的原则去展开讨论。

第七题：关于我在团体工作中遇到的问题，
a. 对于那些妨碍工作进展的人我总是显得过于急躁；
b. 别人可能会批评我过于纠缠、凭直觉办事；
c. 我希望事情能够顺利进行的愿望在支撑着它的进展；
d. 我很容易感到厌烦并且希望有一到两个活跃的成员能够给我一些思想的火花；
e. 除非目标很明确，否则我感到很难开头；
f. 我有时很难厘清复杂的问题；
g. 我羞于求助于别人帮我解决自己无法完成的工作；
h. 当我意外遭到反对时，我不愿意让对方了解自己的观点。

第二步：请根据第一步的提示将相应的分数计入表 6-37；

表 6-37　团队角色自我测试记录表

问题编号	选项								得分
	a	b	c	d	e	f	g	h	
第一题									
第二题									
第三题									
第四题									
第五题									
第六题									
第七题									

第三步：将以上的分数转入表 6-38 中并计算总分。

表 6-38　核分表

题目	CW	CH	SH	PL	RI	ME	TW	CF
一	g	d	f	c	a	h	b	e
二	a	b	e	g	c	d	f	h
三	h	a	c	d	f	g	e	b
四	d	h	b	e	g	c	a	f
五	b	f	d	h	e	a	c	g
六	f	e	g	a	h	c	b	d
七	e	g	a	f	d	b	h	e
总分								

在该表中，CW、CH 等英文代码分别代表了不同的角色，我们会在后面详细介绍。此时，您应该已经计算出了所有的分数，最高分所对应的英文代码就代表了您在团队项目中所扮演的角色。排在第二位的分数代表了在小规模团队中的角色或团队中不同人员具有相同角色特征时您的备选角色。

最低的两个分数表示您在扮演该方面角色时存在着某些弱点，但这并不意味着您必须在该方面付出大量努力。对于经理而言，应该考虑通过人员的搭配以形成优势互补并弥补不足。

3. 贝尔宾关于团队角色的定义

在上面的测试中，我们使用了不同的英文代码代表不同的角色，下面，我们就详细介绍一下不同角色的定义及其特征。

（1）公司员工（CW）。

公司员工是团队中的重要角色。可能这个词听上去并不是那么有吸引力，尤其是在讲究排场和行政等级制度的传统公司里。公司员工的角色并不应仅仅理解为去做或安排什么具体事情。在行动型团队中，公司员工本质上是为公司服务的，而绝非追求个人兴趣。他们可以有效地、系统地执行规定的工作，并将团队的计划贯彻于实际的工作中。

（2）两种类型的团队带头人：领导（CH）和规划。

人员（SH）领导和规划人员通过资源的调配将团队的工作纳入整体进程中。领导为团队中每个人进行正确的定位并通过他（她）的影响力带领大家向共同的目标努力。领导需要识别团队的优劣势并确保可以最大限度地发挥每个成员的潜力。所不同的是，规划人员的任务就是从反面打破这种平衡，他（她）要去挑战，去激励，去鞭策团队行动起来。规划人员需要特别关注目标和事情的优先顺序，以避免团队陷入僵局或固定思维中。他（她）也要通过指引团队的具体工作以确保产出。

显然，如果领导和规划人员同时出现的团队中而其中一个没有去压制自己的话，两者的合作会有一定困难。所以，其中的一个角色可以由另外的团队成员兼任，或者在项目开展的不同时期根据需要随时调整。

（3）两类创造性角色：员工（PL）和资源整合人（RI）。

在贝尔宾团队角色中有两类提出新构想的人：员工与资源整合人。非常聪明的员工和待人友善的、外向的、爱刨根问底的资源调查人。在这两者之间的冲突不像领导与规划人员那么明显。

员工喜欢坐在一旁静静观察，能够针对关键问题提出具体的想法和战略，并积极寻找团队可能面临的潜在风险。

资源整合人主要负责发掘并对团队外部汇报想法、进展和资源利用等情况。建立外部的联系有助于为今后工作的开展（如后续的谈判等）做铺垫。

（4）监控人员（ME）。

监控人员的主要角色是发现问题，评价建议和各类想法并提供自己的意见，以便团队可以综合平衡并得出最终结论。全体员工和资源调查人有可能会提出相对立的看法而相互之间难以协调，此时，监控人员的作用就可以发挥出来。领导可能并不是一个辨别问题的专家，他（她）只是在精神上对大家有一定的影响力。监控人员总是在最关键的时候站出来以协调、统一大家的想法。

（5）团队员工（TW）。

即便是有一个能干的领导，但是许多人在一起能否顺利合作、有效开展工作也取决于他们是否能够处理那些意想不到的突发事件。不爱出风头但是富有创造力的员工可能会被那些固守自己的观点、能力不是那么特别强的员工所排斥。团队员工在这种情况下可以发挥作用。

团队员工善于听取别人的意见并与人为善，他（她）通过坚定不移地贯彻团队目标从而对团队合作精神形成正面影响。他（她）可以被信赖，与同事保持着紧密的沟通与联系，这也决定了他（她）性格中敏感的一面。

团队员工对团队工作有润滑的作用。当有团队员工在场时，团队通常能够表现出更高昂的士气和合作精神。

（6）最终完成人（CF）。

最终完成人的存在是为了确保团队工作善始善终。贝尔宾发现，无法保证团队工作质量主要是源于随遇而安的工作态度和对责任的漠视。并非所有的经理都有能力做到前瞻性规划、准确把握问题和详细的行动计划得以圆满贯彻。在工作中遇到困难、逐渐失去项目开展初期的热情都是经常发生的问题，在这种情况下，如果没有一个具有完美主义的人去落实这些工作，团队的成功将难以保证。

最终完成人会以一种积极的态度寻求自己可以在团队中有所贡献的工作，会保持一种紧迫感将工作贯彻到底。

以上角色是在综合平衡了学习、分析、表达和相处、执行等基本素质要求之后划分的。诚然，不存在尽善尽美的团队，每个角色都有各自的特征、优势和不足之处，这就需要在组建团队时充分考虑，合理进行角色的搭配。

综上所述，团队中的八个角色都有其各自不同的特征（见表 6-39）。在培训中，如果需要进行复杂的、以团队形式完成的项目模拟训练或团队建设训练，讲师可以考虑在开始之前首先进行团队角色测试，之后根据每个人特点进行分组。

表 6-39　贝尔宾关于团队成员特征的解释

角色	英文代码	典型特征	积极的一面	允许的缺点
公司员工	CW	内向，富有责任心，有预见力	有组织能力，有实践经验，工作努力，自我约束	缺乏灵活性，对未经证实的观点反应迟钝

续表

角色	英文代码	典型特征	积极的一面	允许的缺点
领导	CH	冷静，自信	没有任何偏见，强烈的目标导向，能客观对待、评价所有团队的员工	在创造力或智力方面与普通人一样
规划人员	SH	高度警觉，待人友善，富有活力	勇于挑战传统，自我满足	容易激怒、烦躁，没有耐心
员工	PL	个人主义，认真，不被传统所束缚	天才，有想象力，聪明，拥有渊博的知识	容易走极端，忽视具体细节或原定协议
资源整合人	RI	性格外向，有活力，好奇，乐于与人交往	与众人保持紧密联系并发现新观点，能够敏锐感知变化	最初的新鲜劲过去后容易失去兴趣
监控人员	ME	镇静，不带感情色彩，谨慎	有判断力，铁面无私	缺少灵感，缺乏有效激励他人的能力
团队员工	TW	善于交际，略为温和，敏感	可迅速感知外部变化，提升团队精神	紧急关头无法做出果断决定
最终完成人	CF	勤奋，有序，尽责	能够坚持到底，完美主义者	过于关注细枝末节，不轻易放弃

资料来源：Belbin，R.（1981）.Management Teams：Why they Succeed or Fail.London Heinemann.

4. 团队角色分析对培训的提示

贝尔宾团队角色分析从微观的角度第一次为世人全面揭示了团队的特点以及塑造成功团队的关键。对于培训讲师而言，团队角色的分析与使用有助于：

（1）帮助企业选拔人才。

贝尔宾团队角色分析从另一个角度为管理者提供了后备人才的选拔标准和岗位推荐标准。讲师有责任将受训者在培训中的表现（包括态度、团队合作精神、沟通能力等）全面、公正、公平、客观地记录下来，连同自己的建议和意见反馈给企业相关部门，以便于人才的选拔。

（2）协助讲师针对每个受训者的特点进行能力开发。

贝尔宾团队角色告诉我们，每种角色都具有各自的优缺点，可以帮助讲师制订相应的培训计划以更有针对性地对受训者进行能力开发。如监控人员这一角色的缺点是缺乏有效激励他人的能力，讲师可以在培训中有意识地多训练具有该角色特征的受训者。

（3）合理设计培训方法，确保团队精神塑造。

我们发现，多数培训讲师设计培训方法只是从内容出发，很少考虑受训者的特点，这从根本上违背了培训方法设计的初衷。因为每个受训者的工作经历、经验、性格特点和做事风格都会影响培训的效果，通过贝尔宾团队角色的测试，他们在上述方面所具有的一些特征可以被识别，便于讲师在此基础上合理设计培训方法，并有意识引导受训者以团队的形式参与培训。

当然，贝尔宾团队角色测试与分析也存在其固有的弊端，如他认为这八种角色构成了一个完整的团队，但是不少情况下团队的角色是不完整的，或者有两个或多个具有相同角色特征的人员，另外，团队角色测试的准确性在很大程度上也取决于被测试者是否诚实地回答问卷的问题。因此，讲师可以借鉴测试结果，但也不能完全依赖。

第七章　培训资源

本章结构

第一节　常见培训资源分类

第二节　内部培训资源一览表

第三节　外部培训资源一览表

本章概述

通常，成熟的培训机制是建立在那些注重培训、培训职能贯彻于各部门日常工作中的企业之中。这就带来了一个新的问题：培训管理部门应该如何系统规划、综合开发各类培训资源（尤其是公司内部的培训资源）的问题。培训资源的综合使用也是促使企业完成向学习型组织过渡、促进团队合作意识与管理意识升级的重要方式之一。

第一节　常见培训资源分类

按照培训讲师的来源，企业可以使用的培训资源主要包括了内外两部分（见表 7-1）；从企业当前对培训资源使用的情况，培训资源可以分为即期资源与远期资源。对培训资源的有效管理可以确保企业更合理地进行费用的投入与人力资源的开发。

表 7-1　培训资源的分类

		外部资源	公司内部资源
课程 1	即期资源		
	远期资源		
课程 2	即期资源		
	远期资源		

适当地开发内部资源可以降低课程采购费用，也可以激发内部员工相互学习、适时总结经验。但是，值得注意的是，培训课题的专业化分工趋势目前已经显现无疑，企业的培训管理部门应该在综合考虑员工的能力素质要求与公司目标等多方面的基础上综合考虑内外部资源的搭配。

第二节　内部培训资源一览表

企业可以开发、使用的内部资源或者称内部培训开展的形式如表 7-2 所示。

表 7-2　内部资源一览表

区分	说明	应用注意事项
标准化培训产品	● 各种类型的公开培训教材，无论是书籍，还是音像制品，都具有标准化、资源丰富、费用低廉等优点。使用公开培训教材也为培训的开展提供了便利条件，企业可以因时因势使用这些教材统一组织培训，也可以为员工自我学习创造条件	● 标准化的培训教材不可避免地存在着“先天不足”。这种基于共性问题而设计内容的培训产品并非适合于所有企业，这就需要企业有所甄选 ● 这些固化的培训产品缺乏互动性，无法充分调动受训者的积极性，也不能根据受训者的现场反应、培训气氛和接受程度随机进行调整 ● 还有许多劣质的培训教材鱼目混珠，只是在做一些理论的炒作，这就为企业选择合适的培训产品带来了一定难度。专业书籍，尤其是对一线工作具有较强指导作用的各类手册、工具书等，仍是最受企业欢迎的主流标准化培训产品

续表

区分	说明	应用注意事项
培养企业内部的培训讲师	• 讲师是企业开展持续性培训活动的必备条件之一。对处于高速成长期的企业而言，通过内部培训讲师岗位的设立，不仅可以节省部分培训支出，也可以作为企业培养后备人才以维系业务发展的重要手段 • 使用内部讲师可以避免借用外部的一些固有弊端。内部讲师通常应该在企业中工作多年，具有丰富的工作经验和优秀的业绩，他们了解企业的发展历程，了解企业成功的关键因素，和其他员工也建立了良好的关系，了解他们实际工作表现和需求，因此，内部讲师可以将自己的工作心得与实际问题结合起来，有针对性地开展培训工作	• 虽然外聘讲师能够为企业带来一些新的思维，但他们往往无法深入了解企业的现状，培训的内容需要企业结合自身实际情况进行融合。如果企业有持续性的培训需求，或相对欠缺将理论知识逐步转化为生产力的能力，就应该考虑培养本企业内部的培训讲师 • 企业需要建立这样的内部讲师队伍：能够讲授与企业的核心业务与核心岗位的核心技能密切相关的培训课程 • 企业也可以将担任内部讲师作为培养经理人的手段之一
经理人作为培训资源	• 经理人主要是通过对下属的工作中指导（教练技术）、会议和专题讲座这三种形式发挥其作用。工作中的指导是经理人培养下属的最主要形式 • 企业可以明文规定经理人参与培训的形式和时间，如高级管理人员每年讲座不少于两次，中级经理人员每年讲座不少于 4 次等 • 利用经理人作为培训资源具有其他方法无可比拟的优点。首先，这样的培训更能针对企业的特点而进行；其次，经理人的参与会帮助一般员工从管理和经营的角度看待问题，可以扩展考虑问题的视野；再次，由于员工的广泛参与，便于加强部门间的相互了解和沟通，在企业中形成公平、协作的氛围；最后，经理人也会通过这样的机会树立个人威信	• 请经理人参与培训工作也需要事先对他们进行培训。由于从事管理工作，经理人通常会更加专注于本职工作，所以，他们的培训课题内容可能会很深刻，但不一定系统、全面；另外，从事管理工作与从事培训工作虽然都是与人打交道，但是技巧略有不同，需要专业培训讲师就相关注意问题进行说明 • 应该将团队协作精神的塑造、部门的健康发展、对下属和后备人才的培养作为对经理人考核的重要指标

续表

区分	说明	应用注意事项
成立员工互助学习小组	● 员工互助学习小组源自日本制造企业的“质量圈”（Quality Circle）运动，是一种灵活的企业内部互助培训方式。最初，为了提高生产效率、降低废品率，日本部分制造企业采取了多种方式对员工进行培训，鼓励不同工序的员工自由结合起来成立互助小组一起检讨工作、交流经验以提高质量，质量圈的名称由此而来。后来，这种互助的方式逐渐延伸到企业的各个部门，目前已经成为多数日本公司所采用的固定培训方式。作为企业内训的延伸形式，互助学习小组不拘泥于企业固有的培训课程，旨在通过相互的交流提升小组成员整体技能水平。它可以随时随地根据需要进行，调动了参与者的积极性，小组成员集思广益，以解决问题、满足工作需要为基本目标，通过不同部门或不同工序员工的合作，可以让他们从更宽阔的视野去分析问题、了解企业整体运作，也可以为岗位轮换等培训手段的实施做出准备。成功实行员工互助培训小组也为企业集中精力将培训职能地转变（由问题解决转向知识储备）奠定了基础	● 培训管理部门应正确认识互助学习小组在本企业中发挥的作用，将其作为企业统一培训后的有效辅助培训形式，在具体内容上给予指导，以避免时间的浪费 ● 应肯定员工互助学习小组存在的价值并给予一定的资源支持，如书籍、场地、器材、人员等 ● 应将互助学习小组的工作纳入整体培训管理工作中去，对互助培训小组的人员构成、活动的内容、形式、期待达成的效果等具体工作给予详细指导 ● 互助学习小组应在不耽误正常工作的前提下进行，有条件的企业可以将其制度化，比如规定员工应每月至少参加 4 个小时与工作相关的内部培训等 ● 互助学习小组开展初期会出现一定的盲目性，如小组成员之间不知道应该如何相互配合、交流的内容是否是切实需要的、谁来主持小组活动等，培训管理部门应该进行大量的初期辅导性工作，以保证其顺利运行，但不可越俎代庖 ● 要注意小组人员的合理搭配，确保不同水平、从事相关联工作的人员分为一组，以便于优秀员工带动整体小组成员

续表

区分	说明	应用注意事项
成立员工互助学习小组	● 员工互助学习小组源自日本制造企业的“质量圈”（Quality Circle）运动，是一种灵活的企业内部互助培训方式。最初，为了提高生产效率、降低废品率，日本部分制造企业采取了多种方式对员工进行培训，鼓励不同工序的员工自由结合起来成立互助小组一起检讨工作、交流经验以提高质量，质量圈的名称由此而来。后来，这种互助的方式逐渐延伸到企业的各个部门，目前已经成为多数日本公司所采用的固定培训方式。作为企业内训的延伸形式，互助学习小组不拘泥于企业固有的培训课程，旨在通过相互的交流提升小组成员整体技能水平。它可以随时随地根据需要进行，调动了参与者的积极性，小组成员集思广益，以解决问题、满足工作需要为基本目标，通过不同部门或不同工序员工的合作，可以让他们从更宽阔的视野去分析问题、了解企业整体运作，也可以为岗位轮换等培训手段的实施做出准备。成功实行员工互助培训小组也为企业集中精力将培训职能地转变（由问题解决转向知识储备）奠定了基础	● 对于小组的那些优秀人员，要进行必要的培训 ● 互助学习小组以问题的解决和知识的辅导为主，要根据实际需要安排活动时间，可以定期或不定期开展，避免因时间问题影响小组活动，当不定期开展时，要注意间隔时间不宜太长 ● 互助学习小组的存在和有效推行有赖于员工的学习动机和热情，要注意的是，企业领导应当在不同的场合给予必要鼓励，表彰那些表现突出的小组，同时也要避免小组的活动流于形式

第三节　外部培训资源一览表

外部的培训资源主要包括了外部专业机构与商业院校两大类。具体说明如表 7-3 所示。

表 7-3　外部资源一览表

区分		说明
外部专业机构	专业化培训服务公司	● 专业培训服务公司主要承担大型公开课、企业内训课程的设计、开发、实施工作，他们具有丰富的培训组织经验和讲师资源，所开设的培训课程可以根据企业需要细分为知识的传播、热点问题讨论与实战经验的传授等内容 ● 以知识传播为主的培训通常会请院校教授、讲师担纲，他们的特点是具有系统的知识，以讲授和研讨为主，但缺乏实际工作经验，不了解受训企业所面临的具体问题或特性问题，需要企业结合自身的情况转化所学的知识 ● 而对于实战经验传授为主的培训，更偏重于企业的实际情况，讲师也以从事管理工作的经理人或企业内部培训师为主，他们注重启发与互动，通过培训传授与培训课题相关的技能与经验并引导企业正确使用这些技能。而这种培训受时间的限制，讲师会重点传授现实工作的经验而忽略内容的系统性
	咨询公司	● 咨询公司属于知识、经验密集型企业，凝聚了一批既具有实际工作经验、又接受过系统专业教育的员工（很多咨询公司招募咨询顾问的标准是至少五年以上的工作经验、拥有 MBA 学位、具有良好的工作记录、具有批判性思维和团队合作精神）。合伙人、咨询顾问是这类公司为企业提供培训服务的主要讲师。以自有资源为主向企业提供服务是咨询公司有别于一些专业培训公司的首要特点

续表

区分		说明
外部专业机构	咨询公司	● 经验丰富的咨询公司对自己服务过的客户及其行业有深刻的认识和了解。他们以与客户建立长期合作为目标，合作的范围包括了咨询与培训。许多的培训衍生于咨询项目，在这种情况下开展的培训业务是为企业量身度造的 ● 咨询公司的经验与知识积累也有助于保证培训质量。服务的行业越多，客户知名度越高，咨询公司在同样课题上积累的经验就越丰富。这些经验有助于在培训中抓住重点、执行难点和容易被企业忽视的地方 ● 请咨询公司作为培训合作伙伴也有一定的缺陷。咨询公司专业化分工越来越明确，它所能提供的培训课程可能不如专业培训公司那样全面。受职业道德与保密协议的影响，咨询公司有时无法为那些与曾经深度服务过的客户有产品竞争性的企业提供服务
商业院校		● 企业可以通过多种形式与商业院校合作，包括：与商学院开设联合课程，为本企业定向培养员工；派出员工到商学院脱产学习；对商学院的教学计划提出修改意见；由商学院提供长期的知识传播型为主的培训（参加夜校学习或脱产培训）；由商学院与企业共同开展案例编撰、企业文化研究等专项课题等 ● 与商学院建立长期合作关系在西方企业界是一种很通行的做法，有利于成功经验的提炼与传播，具有极大的社会价值。目前，中国不少大企业已经开始了这方面的工作

通常，企业在制订了（年度）培训计划、确认了合作伙伴之后，就应该由培训机构对潜在受训者展开全面的调研和需求调查以进一步明确课程涵盖的范围和受训者的背景、学习风格，随后，外部机构应就培训项目的具体内容和建议的培训方法、培训课时安排、培训讲师介绍等内容出具《培训项目合作建议书》（见表 7-4），与企业进一步商洽。当培训项目建议被企业接受后，双方就可以签署合作与保密协议并开展培训。在培训结束后，需要进行相关效果的评估，评估是一项很系统的工作，将在本书的其他章节给予详细的解释。整个的流程如图 7-1 所示。

表 7-4　选择培训合作伙伴的对比问题清单

基本情况	● 专业机构的简介、培训课程、收费标准等 ● 专业机构的信誉 ● 该专业机构是否能够提供本企业所需要的培训课程 ● 如果是咨询公司，还应该考虑该公司的主要咨询业务方向是什么，提供的培训课程是否专注于这些方向
向专业机构了解的问题	● 贵公司曾为哪些客户服务过？是哪些方面的合作 ● 贵公司是否提供过类似课题的培训服务 ● 对于这些培训服务贵公司有什么经验 ● 贵公司如何看待我公司的培训需求 ● 我公司培训要求属于企业共性问题还是特性要求 ● 如果是共性问题，贵公司近期内是否有相关培训公开课 ● 贵公司将由谁担任我公司讲师？该讲师是否曾在我公司所在行业服务过？贵公司还有谁可以参加这个项目 ● 为什么可以证明他们是合适的人选 ● 这些讲师目前是否还有其他的项目在进行 ● 我们将怎样合作 ● 贵公司是否会在项目开始前进行调查？将调查哪些问题？这些问题对培训的开展有什么帮助
向商业院校了解的问题	● 贵校开设了哪些课程？分别面向什么类型的对象 ● 贵校的核心课程是什么？由谁来讲授？他 / 她的讲课风格是什么样的 ● 贵校在哪些研究领域有独到的研究？为什么 ● 最受欢迎和最不受欢迎的课程是什么 ● 是否有校友会？若有，是否有定期的活动

需要注意的是，为了确保培训更有针对性，企业需要给合作伙伴提供部分内部资料或允许其进行深度访谈。为了防止内部信息外泄，有必要签订保密协议，允许培训合作方在企业许可的范围内有限度地使用该部分资料，尤其是当培训对象是企业高级经理人时。保密协议中应该对合作伙伴可以使用的内部

资料名称、使用范围、培训结束后的保密期等具体内容进行约定。很遗憾，保密协议经常被企业忽略。

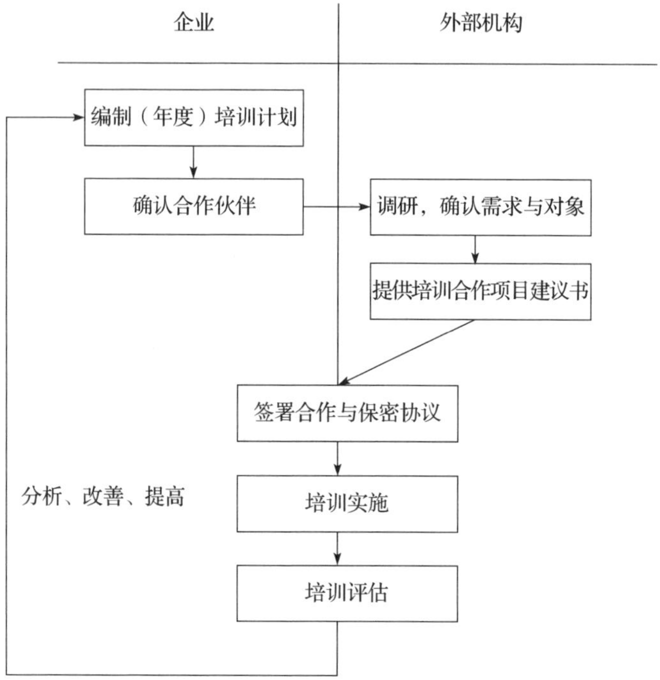

图 7-1 企业与专业机构、商业院校合作的程序

选择合适的培训合作伙伴并不意味着企业要在专业机构和商业院校中做出取舍，而是指面向不同的培训对象企业应选择合适的培训合作伙伴。如商学院教授的是管理学课程，他们无法提供诸如领导艺术之类的技巧性培训，这就要求企业在培养接班人时借助于专业机构的力量。而对于管理训练生的培训可以通过到商学院进修或参加 MBA 学习来完成。根据实际情况选择合适的培训和伙伴是企业需要注意的第一个问题。

第八章　设计培训课程体系与教案

本章结构

第一节　培训课程体系

第二节　培训课程开发

第三节　培训教案的设计要素与设计模版

第四节　培训案例制作要点

本章概述

在进行培训需求调查之后，就应该开始制作培训课程与教案了。

培训课教案设计是一项具体、细致的系统性工作，也是决定整个培训活动能否成功的最根本因素。培训教案的设计，要充分考虑培训需求、受训者兴趣、动机、学习风格等方面的种种因素。

培训教案主要由三个部分组成，一是培训课程的内容，二是培训方法的选择，三是培训中使用的补充性资料，如问卷、角色扮演卡等。这些内容是相辅相成、互相支持的，由于前面用大量的篇幅介绍了若干种培训方法以及选择的建议，在此，我们仅针对课程设计中需要注意的问题进行总结。

第一节　培训课程体系

企业应该建立系统的培训课程体系，包括从基础的技能性培训，到素质、思维类的培训，企业通过这些培训课程体系的搭建，可以确保为企业、员工的双赢发展奠定扎实基础。

培训课程体系的搭建要在综合考虑以下因素的基础上进行，同时，这样的课程体系应该与员工的能力素质模型结合起来。

第二节　培训课程开发

系统的培训课程，既需要包括前面提到的课程之间的体系与逻辑性，也需要考虑如何有效地推广与传授。表 8-1 显示了培训课程之间的内部关系，这些课程是随着员工的职业进程逐步实施的。

表 8-1　培训课程体系

职等		职级	基本技能	管理技能	核心技能

在该体系下的任何一个培训课程教案，均需要围绕以下五个方面的工作进行（见表 8-2）。

表 8-2　培训教案的五要素

需要进展的工作	说明	应用环境	示例
课程简介	● 简单介绍该课程的授课对象、课程大纲、课程长度、讲师介绍等信息	● 向潜在学员推广课程时使用	
《讲师手册》	● 是讲师培训过程中使用的正式文件，包括开场白、暖场安排、游戏编排、案例与分析、相关测试及测试结果分析、引导讨论的问题、课外读物等一切和培训课程有关的内容	● 讲师在整个培训期间使用 ● 可以作为企业标准化复制的一种工具，即将《讲师手册》作为一种用于培养内部讲师的培训教材，之后由他们对外传授相关内容	

续表

需要进展的工作	说明	应用环境	示例
《学员手册》	• 学员参加培训时使用的参考资料，内容与形式可以根据课程的需要有多样化的选择 • 为了配合培训的内容，可以允许有脱离《学员手册》而单独发放的文件，如案例讨论、游戏规则说明等	• 学员在接受培训时使用的主要参考资料	
演示课件	• 是讲师在正式授课时展示给学员的文件，通常使用 POWER POINT 制作，严格地讲，是介于《讲师手册》与《学员手册》之间的资料 • 讲师可以使用一些小技巧，如使用另一种颜色强调重要内容、使用动画按次序展示内容、使用与背景色相近的字提示讲师相关内容等	• 培训中使用	相关文件已很多，在此不提供示例
评价课程效果的标准	• 评价课程培训效果的标准主要包括：课程结束的标准（在教案中体现）、培训效果的评估标准（面向学员、讲师开展的评估）两类	• 培训前可以在课程介绍中加入 • 课程结束后可以通过《培训效果评估》来判断是否达成了标准	请参阅培训效果评估章节的内容

应用工具箱

关于教案的设计将在后面的内容中详细加以介绍，因此，本节主要就课程简介的设计给出一个基本的模版（见表 8-3）。

表 8-3　课程介绍模版

课程简介	
课程名称	
课程编号	
与其他课程的关系	可以采用类似组织结构图的形式将课程体系列明并在本课程相对应的位置特别标注。
主要面向对象	
培训目标	
培训开展时机	
主要课程大纲	
培训实施方式	□ 讲　　师：内部（　　　　）　　　外部（　　　　） □ 培训实施：脱产培训　　　在岗在职培训 □ 对 学 员：必修课程　　　自愿学习课程
讲师简介	可以根据企业的实际需要考虑是否要增加“讲师简介”方面的内容。
备注	

第三节　培训教案的设计要素与设计模版

培训教案是讲师在备课与讲课过程中使用的正式文件，除了符合具体、逻辑性强、内容明确、版面设计简洁、生动这些基本要求之外，应特别注意以下设计要素（见表 8-4）。

表 8-4　培训教案的设计要素

要素	说明
目标	应该让学员掌握什么、了解什么
培训重点	需要学员掌握的重点内容
培训难点	需要特别强调或解释的部分
培训过程	由教学内容、设计思想、培训模式、培训行为、详细的培训内容构成、时间分配
培训回顾与内容强化	在培训进入尾声时通过何种方法对重点、难点内容进行回顾，如测试、提问、角色扮演等
后期培训相关联课程	后期有哪些课程将与本课程有一定的关联性
培训后参考资料	培训结束后学员可以通过哪些文件、书籍、杂志的阅读来强化对此次培训内容的理解

培训教案可以根据讲师个人的喜好有不同的形式，如表 8-5 ～表 8-9 所示。

表 8-5 空白式培训教案

培训内容
……

表 8-6 两栏式培训教案

培训内容	培训方法

表 8-7 三栏式培训教案

培训内容	培训方法	参考资料

表 8-8 四栏式培训教案

培训内容	设计思想	培训行为与时间	培训内容与过程

表 8-9 教案、演示课件合并式教案

（本部分内容为展示给学员观看的演示课件）
（本部分内容为讲师的教案部分）

应用工具箱

由于准备教案的过程对讲师培训的成败起着关键的作用，因此，我们提供了一个制作详细的教案供读者参考，这个课件详细列明了前面提到的各个设计要素，读者可以直接使用到日常工作中，如表 8-10 所示。

表 8-10　培训教案设计模版

课程名称： 培训目标： 培训重点： 培训难点： 培训过程：					
培训流程	设计思想	详细的教学内容与教学过程	培训方法	时间分配	参考资料
导入	● 集中注意力 ● 引起兴趣 ● 赋予动机 ● 阐述目标	1. 通过游戏（或故事、案例）引出主题 2. 分析问题，说明该问题与学员工作的关系 3. 导出主要提纲 4. 说明培训结束后学员应该达到的目标	游戏、故事（例）	5% ~ 10%	
展开	● 传授主要内容	1. 首先说明课程的结构体系 2. 针对每一模块实施培训 3. 在每一模块结束后进行重点内容的回顾 4. 不时提醒受训者前后模块的逻辑关系	讲述、演示、案例讨论（例）	80% ~ 85%	视频教材（例）；学员感觉枯燥时可以使用抢答题

续表

培训流程	设计思想	详细的教学内容与教学过程	培训方法	时间分配	参考资料
总结	● 概括培训内容 ● 再次赋予在工作中应用这些技能的动机 ● 结束语	1. 总结整体结构 2. 对各部分重点内容进行提醒 3. 说明在工作中应用这些培训内容的注意事项	有奖竞答、角色扮演等	5% ~ 10%	管理寓言等

第四节　培训案例制作要点

说到教案我们就应该更多关注案例的问题，因为有效的案例可以激发学员的兴趣，有的放矢地在讲师与学员、理论与实践中建立必然联系。

一、案例的分类

培训中可以使用不同类型的案例，通常，讲师在设计案例的时候，要综合分析培训内容与学员的特点，有针对性地设计案例（见表 8-11）。

表 8-11　根据需求设计不同的培训案例

案例类别	说明	作用	举例
主题式案例	• 围绕一个主题而展开的案例 • 短而精 • 通常在培训中使用	• 强化学员对某知识点的理解与应用	围绕薪酬问题而采用的不同公司的实际应用案例
综合型案例	• 需要综合运用教材中的某一单元、模块或课程的内容而设计的案例 • 可以在培训中、培训接近尾声时使用	• 使学员掌握综合利用所学技能的能力 • 锻炼学员系统分析问题的能力	分析某企业的组织结构、业务流程与相关绩效指标是否可以支持公司的战略实施
研究课题型案例	• 学员在讲师的指导下按照课题进行的研究 • 通常分组进行，不同组可以研究同一个问题或同一问题的不同方向 • 通常在培训单元结束时使用	• 帮助学员对所学知识与技能进行延伸和拓展 • 激发学员应用所学于实际工作的积极性	研究某公司的公司文化对员工工作责任感的影响程度

二、培训案例中存在的主要问题

目前，企业培训中就案例的设计与使用存在着很多的可改善之处，主要表现如表 8-12 所示。

表 8-12　企业培训中有关案例方面的主要问题与改善对策

主要问题	可能原因	改善建议
案例不具体	• 讲师授课的安排 • 案例缺乏深度的内容支持	• 讲师在调查培训需求时，可以考虑对企业进行深度调查，自行编写企业内部案例，不过，这对讲师的专业水平与工作提出了更高的要求 • 讲师可以组织深入的案例分析与讨论，也可以调动学员的积极性来参与案例的补充
案例无法系统体现培训的主题与内容	• 讲师编排失误或不到位 • 缺乏相关案例来支持培训主题与内容	• 讲师应在平时定期对案例进行更新或补充以适用于不同行业、不同企业或同一企业的不同发展阶段 • 在确定培训需求时就案例的使用征求企业相关人员（尽量是学员的直接上级或相关部门而非学员本身）的意见
案例讨论不深入	• 讲师没有深入引导学员由浅入深进行讨论 • 学员缺乏主动性参与讨论 • 学员希望深入讨论，但缺乏思路 • 学员之间分歧较大，难以形成一致意见	• 不建议在培训中大量使用分散的、独立成章的案例，案例的使用最好具有连贯性 • 可以考虑使用卡通剧、拟人的形式来设计案例 • 设计角色扮演，将案例讨论与角色扮演等多种培训方法结合起来使用 • 对于深度案例的分析与讨论，讲师可以采取点睛式提纲、逐步深入询问问题等方式开展

续表

主要问题	可能原因	改善建议
使用的案例虽可以反映培训主题，但与企业的实际相差甚远	• 培训需求的调查不彻底，而讲师、学员并没有就调查后的培训需求进行确认、界定培训内容、范围与目标 • 讲师可能刻意安排跨行业的案例来避免学员直接采用“拿来主义” • 讲师缺乏对学员所在行业的了解	• 如何使用其他行业的案例，讲师可以考虑请学员结合本行业特点谈一下自身的感受以及如何应用的问题 • 讲师自己准备一套适合于学员所在行业、与本职工作相关的案例，先讨论其他行业案例，后使用本行业案例 • 在进行需求调查与课程开发时，讲师应参与学员的工作，全方位了解学员的行业与工作 • 可以聘请曾经做过咨询顾问的讲师，这类公司往往会具有系统的思想论与方法论
缺乏案例这种形式的培训方法来引导学员主动讨论	• 讲师认为对该部分培训内容不适宜使用案例分析这种方法 • 讲师相关积累不足 • 缺乏深度案例支持 • 受制于培训时间与企业领导人的意志，即希望在有效的时间内让学员多听	• 案例可以在相关教学单元结束后使用，作为学员利用所学知识分析、解决实际问题的一种检测手段 • 讲师应说服企业，在做中学永远比听重要 • 讲师可以在技能类培训中更多关注案例可以发挥的作用

总之，案例在培训中的作用是巨大的，可以说，讲师对案例的编排、使用水平在某种程度上也能反映出讲师的能力高低。

应用工具箱

案例的编制有三个要素是至关重要的：案例选择、案例编制流程与职责、案例结构。下面，我们就围绕这三个方面介绍一下案例编制中的应用工具（见表 8-13 ～表 8-15）。

表 8-13　案例选择的 CHECKLIST

案例选择 CHECKLIST		
1. 案例切题	是	不是
2. 具有时效性，能够反映目前企业的关键问题	是	不是
3. 案例具有针对性，所反映的问题在企业中普遍存在	是	不是
4. 案例具有推广价值	是	不是
5. 有详细的资料与数据支持多角度阐述案例的前因后果	是	不是
6. 可以围绕案例进行细致的讨论	是	不是
7. 该案例并不影响企业中主要群体的利益	是	不是
8. 案例具有可信度，不会因为过于片面或肤浅招致学员的抵触	是	不是
9.（作为综合型案例）可以拆分成几个相对独立成章的小案例	是	不是
10.（作为研究课题型案例）可以有相对广泛的延展性来引导学员讨论	是	不是
11.（作为主题型案例）比故事或其他形式的培训方法（如角色扮演）对学员更具有说服力	是	不是
12. 案例适合本次培训学员的层次与知识、技能结构	是	不是
13. 案例的推出可以激发本次培训学员的学习热情或兴趣，指引他们更深入了解培训内容	是	不是

表 8-14　案例编制流程与职责

编制流程	主要任务
案例筹划阶段	● 为培训课题与学员设计合理的培训案例 ● 提出这次执教的教学目标 ● 确定教学思路 ● 设计教学工具
案例展开阶段	● 放手发动学生、充分依靠学生来完成学习任务。要切实贯彻“以学定教”原则，灵活运用事先设计的教学方案；引导全班学生参与教学活动的全过程；引导学生采取自主学习，合作学习和探究性学习等学习方式；正确发挥任课教师的指导作用
案例总结阶段	● 主要任务是评析学生的学习效果，反思自己（任课教师）的教学理念，提炼教学经验与教训
案例的撰写、制作阶段	● 撰写案例应在占有大量材料和形成理性认识的基础上进行。经过起草、反复修改和定稿，案例便以作品即科研成果的形式正式诞生了

表 8-15　案例的结构

案例结构		培训中的主体		讲师要点工作自检表
		讲师	学员	
导入部分	案例背景陈述	√		● WHEN：什么时期的案例 ● WHERE：发生在什么地方 ● WHAT：案例主要围绕什么问题展开 ● WHY：为什么会产生这些问题 ● WHO：案例中涉及哪些人？谁是案例的主要角色
	主要探讨问题的简要说明	√	√	● HOW：我们怎么做（基本思路） ● WHAT：我们将采取什么行动？采取什么对策？（具体方案） ● WHY：为什么要采取这样的对策

续表

案例结构		培训中的主体		讲师要点工作自检表
		讲师	学员	
核心内容	案例的描述	√	√	● 是否以一种积极的方式让学员充分参与案例的描述过程（这样可以提高案例分析的进展速度） ● 是否清晰传达了所要说明的主要信息 ● 是否清晰地提示了学员思考的方向 ● 是否需要提示学员需要注意的问题
	案例的讨论		√	● 讨论的方向是否与案例期望的一致 ● 是否存在不熟悉讨论话题而冷场的情况
结尾部分	案例的总结	√	√	● 我准备采取什么样的方式来结束案例的讨论：是我来总结还是带领学员进行总结 ● 我是希望通过总结形成统一的思想论（或方法论）还是扩展学员的思路 ● 我是否需要引导学员讨论该案例与实际工作的结合点 ● 我是否需要学员在我总结之后结合自己的工作进行反思、回顾与讨论

第九章　培训准备

本章结构

第一节　培训准备工作要点

第二节　开班计划书

第三节　培训场地布置

第四节　教具准备

本章概述

本章主要围绕培训前期的准备工作，详细介绍了开班计划书、场地布置与器材准备方面需要注意的问题与准备工作检查清单。

第一节　培训准备工作要点

讲师在进行培训之前，除了界定培训需求、测试学习风格并设计培训教案之外，还有一个很重要的工作就是根据前期工作的成果与培训经理一起协商如何做好培训前期的准备工作。具体需要开展的工作如表 9-1 所示。

表 9-1　培训前期准备工作一览表

序号	准备工作	主要担当方
1	培训需求界定	讲师
2	沟通、管理风格测试	讲师
3	设计培训教案	讲师
4	为学员准备教材	讲师、培训经理
5	准备开班计划书	讲师、培训经理
6	提出培训场地布置要求	讲师
7	提出相关培训道具、器材要求	讲师
8	布置培训场地	培训经理
9	准备相关道具、器材	培训经理
10	准备培训证书	培训经理
11	其他准备工作	培训经理

第二节　开班计划书

通常，开班计划书包括为受训者提供的开班计划书（见表 9-2）、为培训经理准备的开班计划书（见表 9-3）与讲师自己使用的开班计划书（见表 9-4）。讲师自己使用的开班计划书从某种意义上可以认为是培训教案的简装版。

下面提供了三份开班计划书样本。需要强调的是，在培训正式开始之前，针对不同人员发放开班计划书是必要的。对受训者而言，通过开班计划书可以大致了解课程的进展情况并为此进行准备。对培训组织者而言，通过开班计划书可以了解到在特定时间做什么事情的额外信息。在制作给受训者的开班计划书时，讲师需要把握的唯一原则就是简单、有条理。

表 9-2　为受训者提供的开班计划书

	第一天	第二天
8:00	介绍和开幕式	第二次练习传授
	培训的基础	传授培训
10:00	策划培训	第三次练习传授

续表

	第一天	第二天
午　饭		
13:00	设计培训	第四次练习传授
	准备传授第一次练习	传授培训（继续）
	第一次练习传授	第五次练习传授
16:30	准备晚上家庭作业	总结

表 9-3　为培训经理提供的开班计划书

	第一天	第二天
8:00	介绍和开幕式（开幕式的内容，培训班介绍，人员介绍，目标、日程表、期望值，评估表，学习协商，工作手册、开班前调查问卷，家庭作业）	第二次传授实习（3 个 10 分钟。传授和反馈）
	培训的基础（培训班气氛，成人学习，班前作业，工作和变革的本质）	传授培训（培训角色，时间、激发，陈述，提问、非语言传递信息，管理参与，应对抵抗，妥协，可视教学手段，教授一份工作，强化，反馈，促动）
10:00	策划培训（培训需求评估，营销，进程循环，策划清单，评估，确定目标，组织培训班，编写一份日程表，教室布置）	第三次传授实习（3 个 10 分钟。传授和反馈）

续表

	第一天	第二天
午　饭		
13:00	设计培训（实验性学习循环，学习环境，相应的学习方法类型，培训班设计方案）	第四次传授实习（3 个 10 分钟。传授和反馈）
	准备第一次传授实习	传授培训（继续）
	第一次传授练习（12 个 5 分钟，传授和反馈）	第五次传授实习（3 个 10 分钟。传授和反馈）
16:30	准备晚间作业	总结

表 9-4　讲师使用的开班计划书

8:00	目标 / 氛围 内容 / 资料
8:40	介绍 / 期望
9:10	作为受训者的最好 / 最差经历
10:00	休息
10:10	练习。步骤 1：标准演示，练习
11:30	教练技术的基本原理
12:00	午饭
13:00	步骤 3：界定“什么是可能的”进行学习试验
14:10	步骤 4 和 5：采取行动，保持方向
15:00	休息
15:15	比较自我教导、动员和外部教导
15:45	步骤 6：完成教练协商
16:00	教练常用方法和手段
16:30	总结
17:00	结束

第三节　培训场地布置

培训环境在一定程度上决定了受训者是否能够全身心地投入培训，而环境主要是由培训场地外部的空间环境与内部场地布置两方面组成的。

对外部空间环境的检查包括检查通风状况、排风扇的噪声、室温、照明和来自外面的干扰源，特别是在饭店中，隔壁房间的噪声可能就会造成培训无法开展。

培训场地的布局原则是最大限度的舒适和便于参与。受训者的座位以保证目光自然交流通畅为宜。不要太拥挤，但也不要让他们坐得过于疏远。那种“遥远距离的感觉”可能导致讨论不足。即便受训者不一定会写很多字，桌子上也要有足够的空间来放置活页纸、胶棒和其他东西。把所有的设备、资料和辅助工具顺序排放，以便能迅速取用。

下面的图例是一些典型的教室房间布置。你可以根据很多因素（比如，培训目标、学员规模、主题、受训者之间的关系等）来调整房间设计（见表 9-5 和图 9-1 ～图 9-10）。

表 9-5　培训场地布置方法

培训场地布置方法	适用人数	优点	缺点
● 传统排行（教室型）	40 ～ 200	适合大型、传统型的培训	培训环境封闭，不利于培训师和学员沟通
● 长排方型	30 ～ 50	适合以中型组织为单位的培训	培训环境较为封闭
● 圆形	10 ～ 30	学员可以彼此观察，适合游戏等开放的培训方案	不利于培训师和学员沟通
● 单一矩形桌	10 ～ 20	适合研讨等半开放的培训方案	不利于培训师和学员沟通
● 单一通道型	20 ～ 40	利于培训内容的传授	不利于培训内容的记忆
● 双通道形	30 ～ 80	利于培训内容的传授；适用于大型培训	不利于培训内容的记忆
● 开放的长方形	10 ～ 20	适合研讨、游戏等半开放的培训方案；利于培训师和学员沟通	没有明显的缺点
● U 型桌椅排列	10 ～ 20	适合研讨、游戏等开放的培训方案；利于培训师和学员沟通	没有明显的缺点
● U 型椅子排列	10 ～ 20	适合研讨、游戏等开放的培训方案；利于培训师和学员沟通	不利于培训内容的记录
● 多圆桌型	40 ～ 60	适合以小型组织为单位的培训	不利于培训师和学员沟通

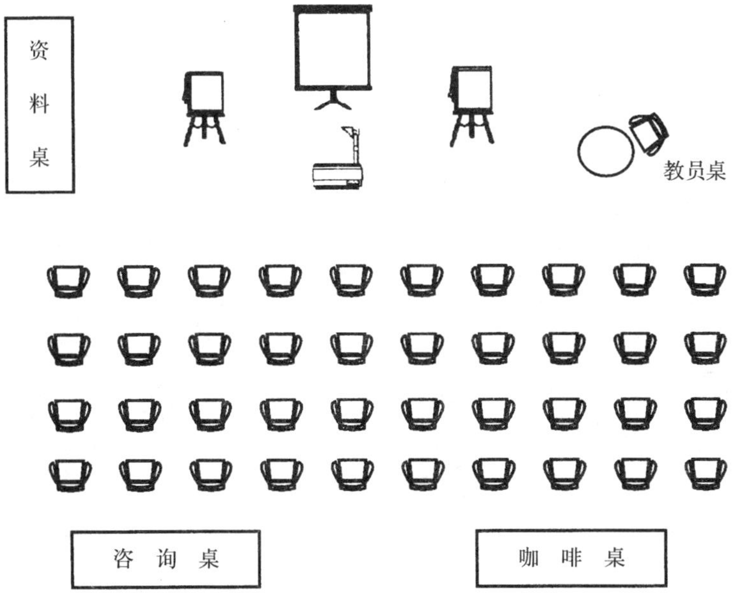

图 9-1 传统排行（教室型）

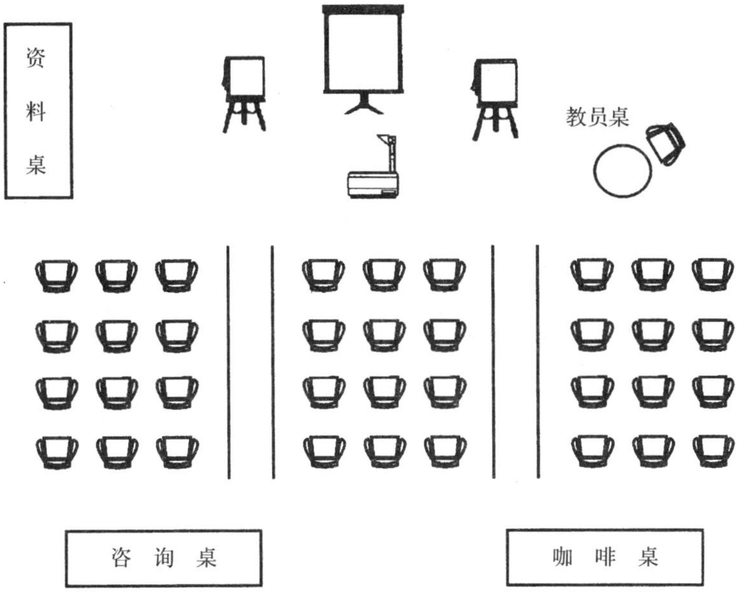

图 9-2 双通道形

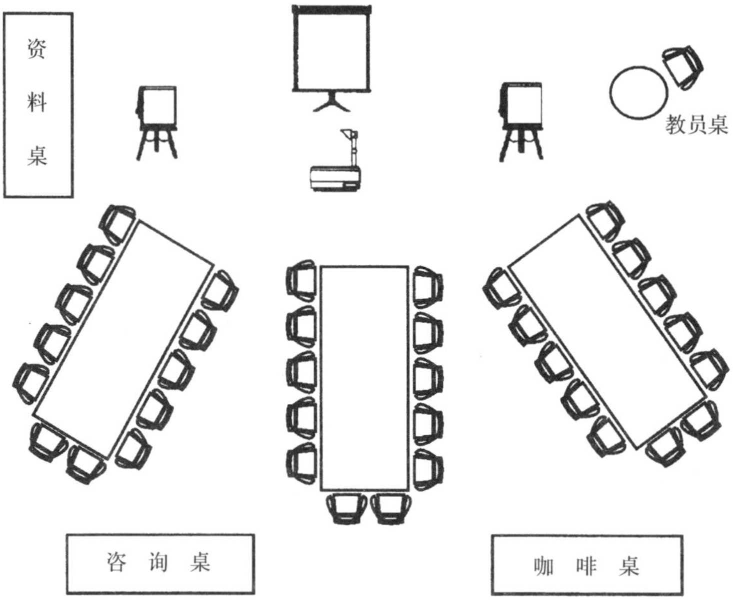

图 9-3　三排长方形

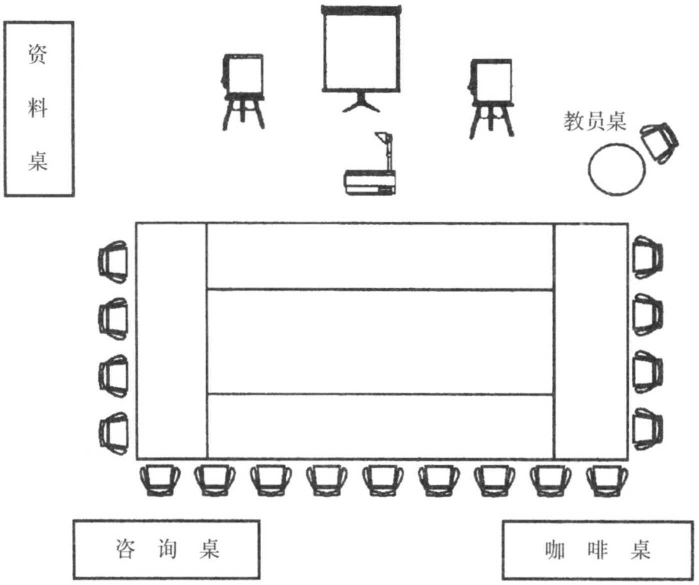

图 9-4　开放的长方形

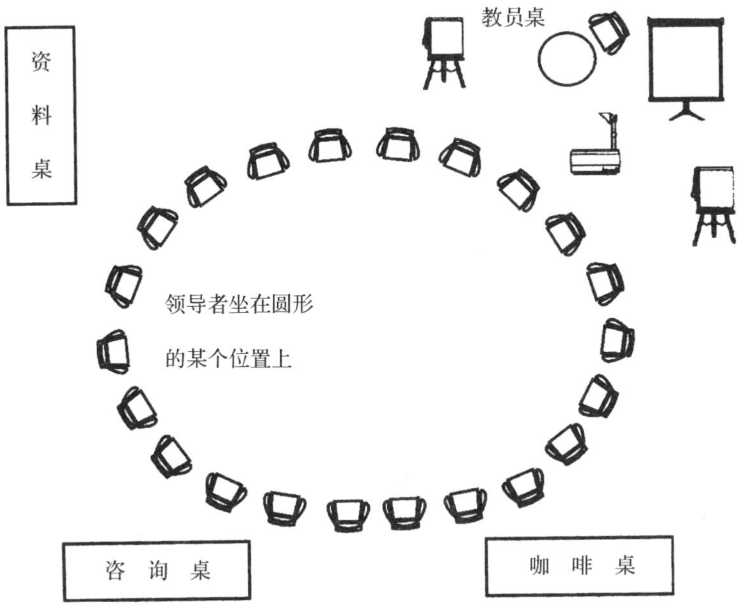

图 9-5　圆形

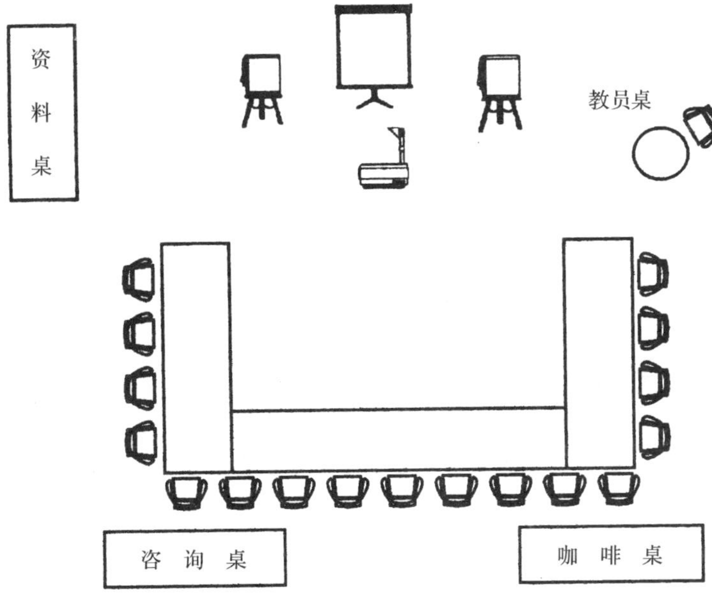

图 9-6　U型桌椅排列

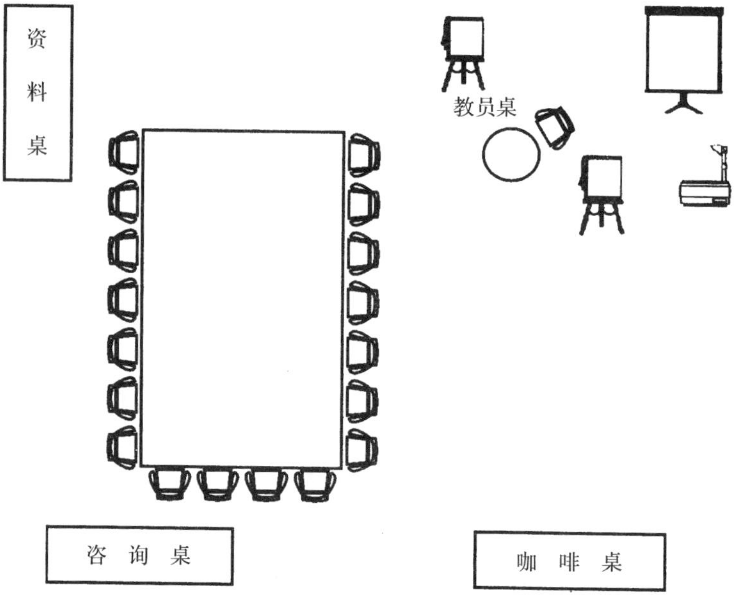

图 9-7　单一矩形桌

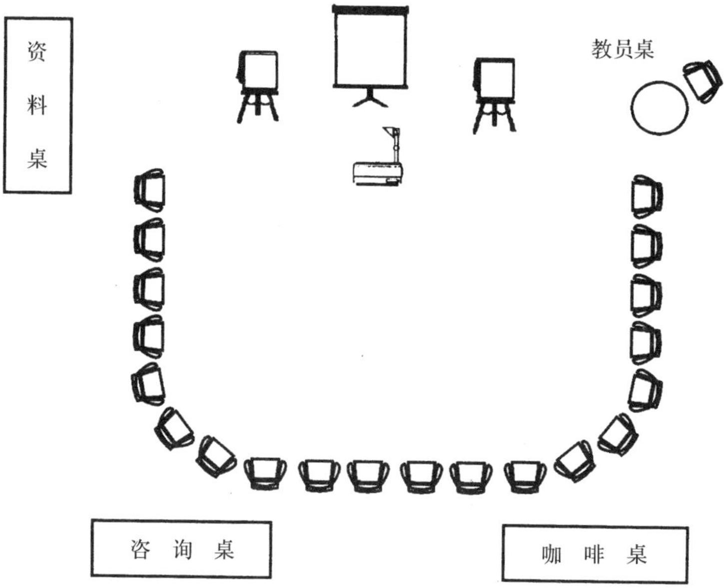

图 9-8　U 型椅子排列

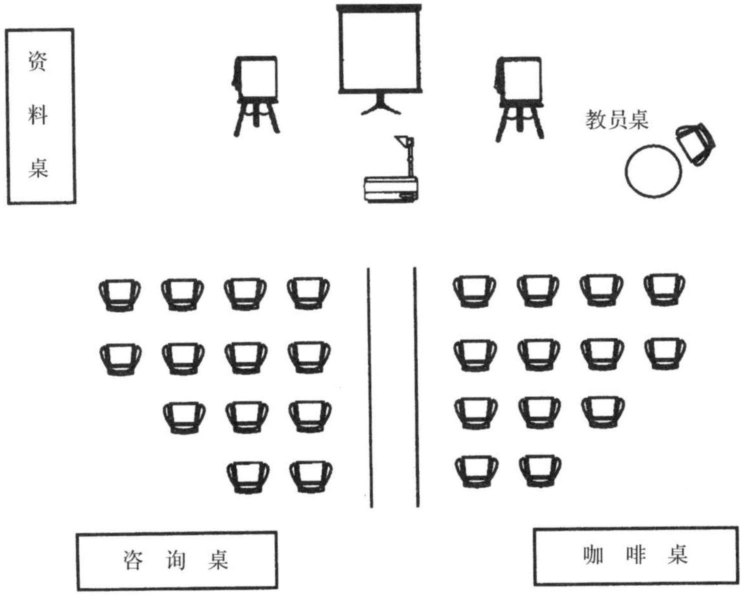

图 9-9　单一通道型

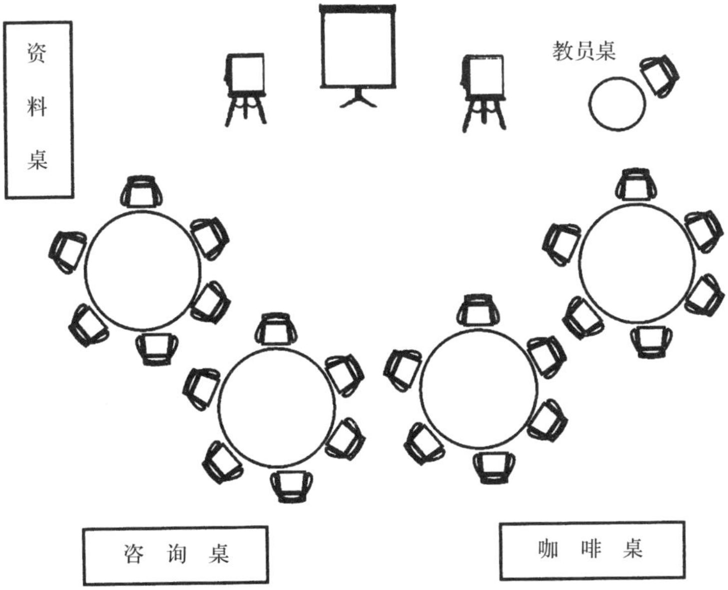

图 9-10　多圆桌型

第四节　教具准备

培训教具能令培训班锦上添花，并起到集中学员注意力的作用。但是，有一点警告：尽管讲师想让学员聚焦于直观教具，但千万不要让它们分散讲师的注意力。要把讲师的注意力集中在学员身上。下面介绍几种常用的教具以供参考（见表 9-6）。

表 9-6　常用教具

教具	说明	优点	缺点
卡片	• 适用于人数不超过 25 ～ 30 个的群体 • 只记录有待再参照的信息 • 按一定的逻辑顺序贴卡片 • 提前备好一些 • 使用标签 • 说话时站在卡片旁边，面向学员 • 马克笔不会渗透卡片纸 • 运用各种彩色笔和深色记号笔 • 每页不超过 15 ～ 20 个词，按清单或栏目方式书写	• 书写清晰 • 卡片可以自然地加以运用 • 记录下学员说的原话原词	• 过度使用卡片会削弱对话

续表

教具	说明	优点	缺点
固定页	• 如果黏性不强，使用胶带把它们贴到墙上	• 方便、易用	• 只能用干性可擦笔书写
投影仪	• 把焦距调到最佳清晰度 • 备带一个延伸插座 • 运用大号的清单式或栏目式书写（每张片子6～8行） • 把片子编号 • 把片子内容复印，散发给学员 • 片子底部1/3部分保持空白	• 方便 • 易用 • 演示效果好	• 设备出现故障，培训就难以进行
白板		• 容易更改错误	• 只能用干性可擦笔书写
电脑	• 避免在终端机上设置太多 • 保持“以学员为中心”，而不是“以数据资料为焦点”细节	• 方便 • 易用 • 演示效果好	• 设备出现故障，培训就难以进行
物件和物品	• 在学员间传看，然后让他们独自思考和演示	• 方便 • 易用	• 学员容易将注意力集中在物件和物品

当上述主要工作完成后，培训组织者就可以考虑实施培训了。不过，在正式实施之前，培训组织者不妨对准备阶段的工作进行回顾以发现是否有遗漏。下面我们就提供了一份给培训组织者的准备工作检查清单以供参考

（见表 9-7）。

表 9-7　培训前期准备工作检查表

培训前期准备工作检查表

说明：本检查表供培训组织者进行培训前期的相关工作检查，可能某些设备并不一定在本次培训中用到。

1. 培训器材准备

名称	使用与否		来源			使用数量	准备人	准备完成日期	设备调试人	调试日期	检查人	检查日期
	是	否	租用	外购	内部设备							
投影仪												
麦克风												
投影幕布												
扬声器												
白板												
马克笔（双色）												
水彩笔												
摄像机												
电视机												
录音笔或采访机												

续表

名称	使用与否		来源			使用数量	准备人	准备完成日期	设备调试人	调试日期	检查人	检查日期
	是	否	租用	外购	内部设备							
延伸插座												
光源												
条幅												
姓名牌												
游戏道具												
不干胶贴纸												
磁条												
白纸												
参考资料												
培训手册												
培训证书												
小礼品												

2. 培训场地布置

准备工作	参照标准	实施细节	负责人	完成日期	检查人	检查日
座椅摆放						
灯光调节						
温度调节						

3. 其他需要准备的工作

第十章　培训实施

本章结构

第一节　教学技巧

第二节　表达技巧

第三节　仪容与仪表

第四节　培训效果转化

本章概述

本章主要讲述了培训讲师在培训实施的过程中应注意的教学技巧。

第一节　教学技巧

一、克服紧张情绪

紧张情绪是讲师最大的敌人，也是最影响培训效果的因素之一。

对于讲师来说，当他（她）成为众人关注的焦点或临场发挥即兴加入很多新的内容时，通常会产生紧张情绪，在大多数情况下，紧张情绪可以通过反复的练习和适当技巧的采用加以控制（见表 10-1）。

表 10-1　紧张的原因与克服建议

产生	对策建议
● 客观地讲，紧张情绪的产生大多数情况下源自讲师的心理素质	● 培训前反复练习 充分的准备和事前练习是克服紧张心理的基础，前期准备与练习不只是针对培训内容进行，还应该包括语气、语调、肢体性语言、使用技巧、预期课堂反应、时间控制等方面。当反复练习两三次之后，讲师就会自信地去实施培训计划
	● 提前进入培训场地熟悉环境并与受训者沟通
	● 每天坚持大声朗读
	● 采用宽松的、富有幽默感的开场方式来营造轻松的氛围

二、控制整体局面

在培训过程中，讲师最容易犯的错误就是放松对进度的控制。当做游戏、分组讨论、回答问题时，如果讲师不能够正确引导受训者或忽视大多数受训者的反应，就会出现冷场或无法控制局面的窘况。如果这些问题不立刻加以纠正，后果可能是这些问题会持续、升级或继续蔓延。因此，讲师有必要掌握一定的技巧克服这类问题带来的被动局面（见表 10-2）。

表 10-2　做出纠正性反馈的步骤

- 以一种受训者可以接受的、亲和的态度开始你的谈话
- 确认需要更正的行为并指出这些行为可能带来的后果
- 注意倾听受训者的意见
- 表达出你的期望

以上四个步骤简单明了但行之有效，足以帮助讲师掌控局面并帮助受训者做出积极的反馈。同时，在受训者做出更正的行动之后，讲师要不失时机地表达出赞赏，总之，要做到迅速果断、内容具体、态度诚恳。

三、保持目光接触

目光接触是最直接、最有效的一种沟通形式，经验丰富的讲师可以通过目光的接触和现场气氛大致了解受训者对培训内容的接受程度，并随时对授课内容进行调整以满足受训者的要求。从事培训工作不长时间的讲师往往害怕与受训者目光接触，或背对受训者，这会极大影响讲师与受训者间的交流与沟通。

目光接触主要是为了获取受训者对培训内容的认知和反馈信息——这通常会从受训者目光接触中反映出来，如果受训者不能真正了解培训内容或

一知半解，当他们与讲师目光接触时，通常会表现得很不自然，否则讲师会从他们的目光中感受到镇定和自信。因此，目光接触有助于讲师判断受训者是否真正理解了该部分内容，受训者的反应为什么会这么活跃或消沉，他们的注意力是否集中在此？讲师有必要根据受训者的现场反应及时调整相关内容。

目光接触也有助于讲师了解受训者的注意力是否集中在培训内容上。同前面一样，当多数受训者目光游离时，讲师就需要考虑，是否自己的培训内容过于枯燥，或培训时间过长而影响了受训者理解相关内容，这时就需要讲师根据实际情况考虑适当的对策（见表 10-3）。

表 10-3　保持目光接触的要点

- 当讲师与受训者对话时，要将目光放在对方身上
- 在教室内走动时，要避免自己的身体挡住受训者的视线
- 走动时也要避免将视线离开对方太久
- 讲师不能将视线只集中在某个角落或某个人身上

当受训者感到自己被注视时，他们会认为讲师是真正关注他们，往往会表现出更高的学习热情。否则，即便是在培训场所中坐着，受训者还有可能在考虑别的什么事情或走神。

四、激情与情绪

当讲师表现出亲切和热情时，很容易给受训者留下良好的第一印象，从而拉近与受训者之间的心理距离。对受训者说来，讲师的激情意味着活力，意味着发自内心的诚意，受训者只有在感到自己被讲师关注着并被讲师所充分感染时才会产生巨大的推动力（见表 10-4）。

表 10-4　如何让受训者感受到激情

技巧	说明
把握开场时机	● 培训初始阶段，讲师可以使用一些“破冰”技巧来打破僵局，这些技巧耗时不多，但可以充分达到活跃气氛的目的
时刻保持微笑	● 在各种非语言类沟通方式中，只有微笑是最简单但最不会产生歧义的沟通方式。笑一笑，可以缓解紧张的气氛，也可以消除心理的隔阂
使用幽默或哲理性小故事	● 使用幽默或哲理性小故事可以让受训者在短期内牢牢地记住受训的核心内容
避免注意力分散	影响注意力分散的因素有多种，下面我们就列举几种： ● 口头语 ● 不注意表达技巧 ● 乏味的培训过程 ● 吐字不清 ● 错误的举例或比喻 ● 频繁地走动 ● 不恰当的手势 ● 讲师精神状态不佳 ● 缺乏目光的接触

五、培训的开场与结束

1. 培训的开场

良好的开场与结束意味着培训成功了一半。培训的开场类似于文章的开篇，一个好的开始会吸引受训者的注意力，留下良好的印象。因此，如何开场是很关键的（见表 10-5）。

表 10-5　培训开场方式

开场方式	说明
自我介绍	多数培训讲师并没有看重在开始时进行自我介绍，其实开场中的自我介绍对于提高受训者对讲师的认同有很大的影响，运用得当可以拉近双方的距离
开门见山提出主题	开门见山地切入主题会让受训者感到简洁明快
运用哲理性故事或幽默开场	这种方法能够吸引受训者的兴趣，调动他们的积极性，为后面的培训营造良好的氛围
双向沟通	双向沟通是指在培训开始之前讲师就广泛与受训者进行沟通，相互认识，这样在培训过程中讲师能够更有针对性开展培训。这种方法在面向企业中高级管理人员时使用较多
提问	提问法是讲师经常使用到的开场方法之一。使用提问作为开场方法多用于专业技巧的培训
提示事实法	俗话说“事实胜于雄辩”，使用无可争辩的事实作为论据，进而导出一个论点作为开篇也是一种很有说服力的方法
自我解嘲法	讲师可以有意犯一个小的错误——当然，这个错误与培训内容没有什么直接联系，也不应该让受训者对讲师本人的专业能力产生怀疑——这个错误最好由受训者轻易发现并能够引起大家开怀一笑，在笑声中讲师可以自然地消除隔阂、拉近与受训者之间的心理距离
游戏或热舞	容易快速让受训者消除隔阂，但时间不应该拖太长

2. 培训的结束

培训结束时需要进行哪些工作呢？见表 10-6。

表 10-6　培训结束时的工作

需要进行的工作	说明
总结	在单元或当天的工作结束时对内容加以总结是讲师在结束时首先需要进行的工作
评估	在培训结束时，讲师也需要引导受训者对整体课程进行评估。该评估可以通过讨论的形式进行，也可以采用正式的、填写调查问卷的形式进行
讨论	在开场、培训进行中或培训结束后，讲师可以设计一些问题待培训结束后进行讨论
后续计划	当某一阶段的培训结束之后，讲师不仅需要对培训的内容进行总结，也需要告诉受训者今后需要继续进行哪些方面的培训以形成系统思维，如何在工作中应用这些知识，即后续计划

3. 结束培训的具体方法

为了顺利地结束培训，讲师可以采用的具体方法见表 10-7。

表 10-7　培训结束方法

培训结束方法	说明
重申主题	主题是对培训内容的高度概括，重申主题对受训者而言，从听觉的角度接受了反复强调的一个重点，这符合成人的记忆规律，容易留下长久的印象

续表

培训结束方法	说明
祝福语结束	当进行了一整天的培训后，无论是讲师还是受训者都会感到身心疲惫。在这样的情况下，采用正式的语言结束会让受训者感到讲师是在例行公事，虽然尽职尽责，但仍无法拉近双方的距离。讲师可以考虑使用祝福语作为最后的结束语言
使用故事结束	使用哲理性故事可以作为开场的方式之一，也可以使用故事作为结束的方式之一。使用这种方式结束时也需要注意，使用的故事应该轻松一些
名言佐证	使用名言佐证也是可以考虑使用的方法。名言的特点是精炼、寓意深远，可以作为结束时的点睛之笔
行动鼓励	由讲师或受训者的直接上司进行工作的动员也是一种结束培训的方式，这种方法的使用类似于誓师大会，会在一种欢欣鼓舞的气氛中结束培训。讲师或受训者的直接上司也可以利用这个机会指出今后工作的具体行动方案、实施要点与注意事项

第二节　表达技巧

一、语言技巧

作为基本的技巧，讲师需要注意以下问题，以提高自己的表达技巧（见表 10-8）。

表 10-8　语言技巧

要素	注意事项
语速	• 造成语速变化的原因有很多，情绪紧张、时间急迫、身心疲惫、说话者特意强调甚至于故意跳过一些重要内容，都会导致语速发生变化 • 在培训过程中需要放慢语速的情况有： 　• 两句话之间的停顿 　• 关键内容 　• 当引导受训者思考时 　• 重点内容或关键词的前后 　• 使用对比说明的方式论证观点时 　• 纠正受训者传统的或约定俗成的观点时
音量与音调	• 讲师应该练习在不同的培训场所中调整音量，在讲课中也可以通过音量的提高强调重点内容 • 除了音量，音调也有必要给予充分的关注。音调的高低起伏、抑扬顿挫也可以起到渲染气氛、突出重点的作用
语气	• 语气是待人接物时态度和内心潜意识的一种暗示或外在性表现 • 讲师的语气可以让受训者感觉轻松或者保持警觉

二、使用非语言沟通

非语言沟通也是我们日常沟通的一种主要形式，它传递了一种可能较语言更为默契的沟通渠道，如肢体语言、面部表情等，前面提到的目光接触也属于该范畴。

非语言类沟通起源于社会、外部环境、企业深厚的文化特色对个人的影响，它与文化的内蕴是紧密联系在一起的。使用非语言沟通，要确保向受训者传达的信息是正确、没有歧义的，否则会让人困惑不解，甚至于引起轩然大波。我们可以借鉴一下 2002 年 HSBC 银行在伦敦希思罗机场发布的平面广告，由于该银行业务遍布全球，所以 HSBC 通过将各种不同的手势、颜色在各个国家含义的对比中彰显其对各个区域市场特异性的了解。

非语言沟通要点见表 10-9。

表 10-9　非语言沟通要点

类别	要点
手势	• 讲师在培训中应该通过简单、有力的手势向受训者表达自己的观点 • 同样，手势也不宜过多，避免受训者无所适从
姿势	• 讲师应该参照中国古语中提到的“站如松，坐如钟”的标准，站直，挺胸抬头，不能塌着腰或驼着背，这样，正确的站姿也有助于讲师声音洪亮地讲课 • 讲师也需要注意不要交叉脚站立，不宜双手插入口袋
面部表情	• 首先，要放松面部肌肉，做到表情自然 • 其次，要排除紧张情绪，放松心情

三、聆听

讲师在培训中不仅需要克服自己的紧张情绪、控制整体局面，也需要与受训者互动，及时解答受训者的问题和疑问，因此聆听也是讲师需要特别关注的。同时，沟通的过程有可能产生歧义或错误信息，因此，讲师需要全神贯注去认真领会受训者所要表达的核心思想。

表 10-10 列举了一些聆听的要领和在聆听过程中需要避免的情况以供参考。

表 10-10　聆听的要领与注意事项

聆听的要领	应注意避免的问题
• 保持目光的接触 • 再次确认：用对方可以理解的语言再次重复刚才听到的问题或疑惑 • 鼓励：用点头或用语言表示赞许，鼓励受训者多说，表达真实思想 • 记录：将对方的重点内容记录下来 • 总结内容：建立良好的印象	• 只听自己爱听的 • 反感受训者与他（她）的谈话 • 被其他事情分散注意力 • 认为受训者所言并不重要 • 容易受外界干扰 • 没有时间听 • 急着想怎么回答 • 边听边下结论 • 有私心

四、解答受训者的问题

在培训中受训者可能会提出各类问题，下面的内容将为讲师回答他们的问题提供部分参考建议（见表 10-11）。

表 10-11　解答受训者的问题

需要进行的工作	说明
准备	• 讲师应该预先考虑学员可能会提出的问题并写下来，在每个问题下面，简单地写出答案的要点。如果有可以支持的案例或理论，也尽量列在下面以深化答案的说服性
	• 讲师应该提前准备一些小纸片，并在培训前发放给受训者，请他们将自己的问题写下来统一交给讲师
引导受训者提问	在某一个单元的培训课程结束之后，讲师会请受训者针对该部分内容提出问题。有的学员会保持沉默，害怕或羞于提出自己的问题。在这种情况下，讲师需要首先打破僵局，引导大家提问

续表

<table>
<tr><th>需要进行的工作</th><th colspan="2">说明</th></tr>
<tr><td></td><td>回答问题的要点</td><td>回答问题的步骤</td></tr>
<tr><td>回答问题</td><td>● 首先界定问题的范围：如说明“这个问题属于渠道管理方面的常见问题”
● 说明该问题是共性（普遍）问题还是特性（特例）问题
● 展示相关培训内容，结合问题说明基本思路或答案
● 提醒受训者，该类问题在今后的工作中应如何解决，重点或难点是什么</td><td>当按这样的步骤回答问题时，讲师需要：
● 将目光移向全体受训者，而不只是受训者个人（因为讲师的回答是针对全体受训者的）
● 如果该问题涉及到若干个小问题，首先将各个小问题罗列清楚，再依次回答
● 考虑直接回答还是首先让其他受训者也参与回答或讨论；答案应该简洁明了，与培训内容有关，除非获得全面的答案，否则尽量不要使用其他授课内容予以解释
● 当回答完毕之后，将视线转向最初的提问者，再次询问其是否清晰无误地清楚了该类问题</td></tr>
<tr><td>巧妙应对挑战性问题</td><td colspan="2">应对挑战性问题的策略：
● 保持冷静。讲师应该理智地从挑战性的问题中抽身，要意识到受训者的发难并不是针对个人，并不一定存在敌意
● 让提问者充分表达自己的意见，在他们说话时不要打断并加以评论
● 分析问题背后的潜在动机。讲师要利用受训者发问的时机仔细考虑清楚，他们为什么要这样问，是纯粹好奇还是缺乏经验，是否是在挑战讲师的权威性，还是真的存有敌意
● 观察其他受训者对提问者的反应。讲师要观察，其他的受训者是否偏向于提问者，还是偏向于讲师，观察其他受训者的反应有助于了解提问者的潜在动机和整体局面，以便做出反应
● 表示对提问者的理解。讲师可以这样说，“我能够理解你。”或“如果我是你，可能也会有一些疑问。”讲师要使用提问者能够接受的方式来打开沟通的门扉，避免对方进一步提出类似问题。对于提问者而言，他们通常不希望遇到这样的反应，因为这样会让他们改变原来的态度</td></tr>
</table>

续表

需要进行的工作	说明
巧妙应对挑战性问题	• 集中在问题的核心上。讲师要意识到，通常这类提问者很容易让人卷入其中或被他们的行为分散注意力。因此，要仔细考虑他们的想法究竟是什么 • 问一些关于“什么”和“怎样”的问题。当讲师需要了解问题的核心时，也可以采用反问的形式以帮助自己形成正确判断。讲师可以这样问“你认为我应该怎么做更好?”“你觉得我应该怎样处理这个问题?”或“你希望我从哪些方面来解释这个问题?”。使用这样的问题可以表明你是在征询他的意见，同时也让提问者感到控制感 • 使用建议性的表达。建议性的表达可以帮助讲师保持主动、减轻敌意，比如“如果……那么……”。使用建议性的表达，态度也要果断，讲师要保持温和但坚定的态度，否则，提问者会继续发难
结论	在回答完问题之后，讲师要对课程进行总结，总结要简明、突出重点，以帮助受训者树立系统的观念

第三节　仪容与仪表

培训是件苦差事，尤其是经过多天连续的培训，讲师会感到身心疲惫，但是，作为讲师应该时刻提醒自己，必须身着正装为你的学员服务。讲师会从受训者的表情、状态、衣着等外部特征得出对该人初步的印象，同样，受训者也是用同样的标准和眼光看待讲师。因此，通过正式的着装表现出职业素养和干练的作风对讲师而言是非常关键的（见表 10-12）。

表 10-12 基本着装建议

男性讲师的基本着装建议	女性讲师的基本着装建议
• 衣服的选择应以得体、大方、简洁为主要原则建议尽量穿西装 • 不要穿有太多装饰物的衣服 • 应尽量选用冷色调衣服，如蓝色、灰色、黑色等，这些衣服可以使讲师显得稳重、成熟 • 不仅是衣服的款式，衣服的面料也很重要，最好选用纯毛质地的衣服 • 要注意衬衫、领带与西服外套的颜色搭配 • 衬衫的袖子要比外衣长 1/4 英寸（1 英寸 =2.54 厘米） • 要尽量避免佩带艳俗的领带 • 皮鞋、袜子颜色要讲究颜色搭配，尽量选择同色的袜子 • 皮鞋要擦拭干净 • 不可染发、烫发 • 精心梳理好头发 • 避免使用刺激性强的香水 • 尽量不要佩戴首饰	• 不能穿过于暴露的衣服和奇装异服，建议着套裙或其他职业装 • 切忌穿超短裙 • 尽量少佩带珠宝首饰，以免分散学员注意力 • 化妆要保守，不应使用鲜艳的口红或指甲油 • 切忌在脚指甲上涂鲜艳的指甲油 • 可以穿平底鞋 • 发型要保守 • 不可使用刺鼻的香水

第四节　培训效果转化

培训的结束并不意味着讲师工作的结束。讲师应该结合授课的体验与培训结束后测试的结果，为企业提出相关的后期工作建议，具体如表 10-13 所示。

表 10-13　讲师应提供的相关文件

文件类别	提供对象	主要内容
培训效果评估报告	培训经理	参见后面章节内容
后期培训建议	培训经理	对后期受训人员应该参加的培训课题、内容等具体问题给予的建议，如表 10-14 所示
后期培训效果转化建议	培训经理，受训者上级	对培训效果转化的建议，如表 10-15 所示

表 10-14　后期培训建议书

后期培训建议书

呈送：

讲师：

1. 本次培训课题情况。

（1）主题：

（2）内容：

（3）特点：理论　　%　　技能　　%

2. 学员对本次培训课题的基本反映：

3. 学员在培训中反映出的主要问题。

（1）理论方面：

（2）技能学习方面：

（3）与工作联系的紧密程度：

4. 后期培训建议。

培训课题	主要内容	培训开展形式（如脱产，实地考察等）	培训方法建议（如实习 / 案例等）	备注

表 10-15　后期培训效果转化建议书

后期培训效果转化建议书
呈送： 讲师： 培训课题： 培训内容： 与受训者工作职责的联系程度： 讲师认为受训者思想意识、技能方面的欠缺点： 应用培训技能于工作中需要注意的问题： （1）技能； （2）受训者接受程度； （3）部门内工作安排； （4）公司内业务流程方面。

另外，在培训项目结束的时候，讲师也需要考虑是否应协助培训经理对受训者参加培训后的掌握程度进行考核，这样的考核可以通过考试、抽查、技能比赛等多种形式完成，通常在培训结束后进行，可以使用的方法与使用建议如图 10-1 所示。

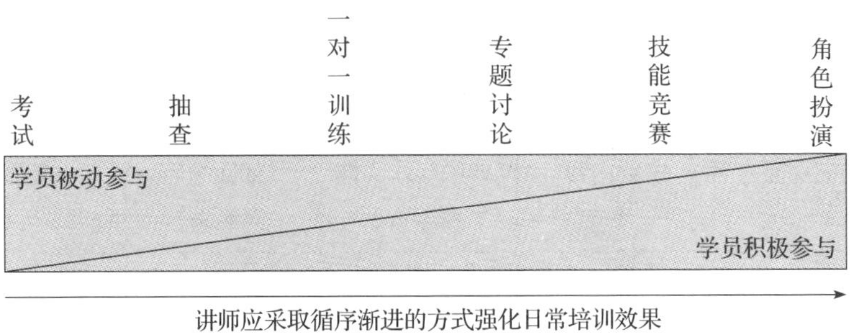

图 10-1　培训效果现场强化的方法

第十一章　培训评估

本章结构

本章概述

本章主要介绍了在培训课程进展过程与结束后对其进行系统评估的各类工具与具体方法。柯克帕特里克（Kirkpatrick）提出的四层次标准（包括了反应、学习、行为、结果四个层次）目前被广泛应用于企业的培训评估中。下面我们就各个层次的评估内容与标准进行详细说明。

第一节 培训评估概述

培训评估要面对培训项目的方方面面进行，无论培训开展的形式如何、进展的时间长短，都应该全面进行评估。

培训评估主要包括了评估四要素、四层次与七种方法，具体如图 11-1 所示。

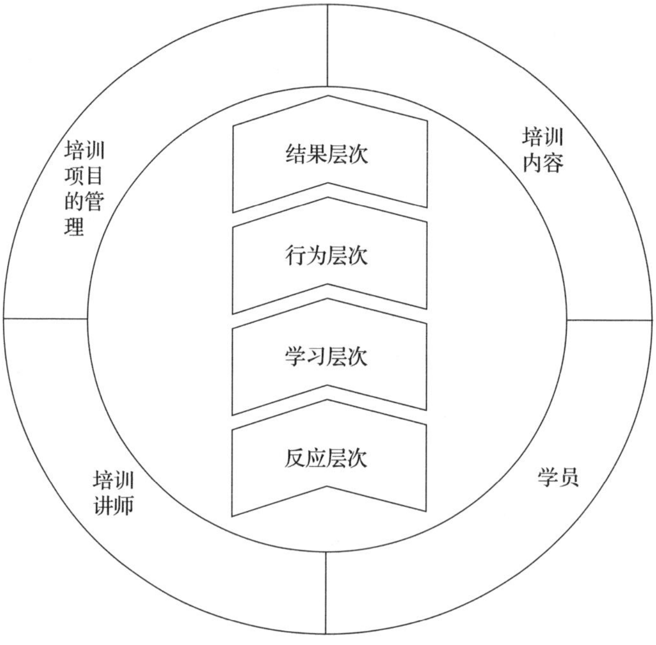

图 11-1 培训评估的四要素与四层次

培训评估要围绕四要素全面进行，当然，这要在不同的层次中，使用不同的方法进行（见表 11-1 ～表 11-4）。

表 11-1　主要的评估内容概述

要素	评估的层次	评估的主体	评估的具体内容	说明
培训项目管理	反应层次	讲师、学员、培训经理（或主管）	• 培训的组织是否有序 • 培训的目标是否适当并达成 • 培训场地、器材、灯光布置、气氛塑造等是否适合培训项目的开展	对各方面的评估将穿插在面向不同评估主体的、不同的评估方法中
培训内容	学习层次、行为层次、结果层次	讲师、学员的直接上级、学员	• 内容与工作职责、技能联系的相关性 • 内容的时间分配是否恰当 • 内容的主次区分是否合适 • 内容的难易程度	
讲师	反应层次	培训经理（或主管）、学员	• 工作态度与表现 • 讲课是否生动 • 是否在有效时间内准确表达所要传授的内容 • 现场把握问题、引领讨论的能力	
学员	反应层次	讲师、培训经理（或主管）	• 学习的态度与责任心 • 所学内容与工作联系的紧密性 • 参与讨论、游戏的积极性 • 应用所学知识的主动性与愿望	

表 11-2　培训评估的四层次

评估层次	评估内容	说明评估的时间			评估的主体	评估方法
		培训前	培训中	培训后		
第一层次：反应	主要评估受训者对培训项目与讲师的基本反应，表明他们对培训进度与培训内容的接受情况		√	√ 培训结束后即刻进行	受训者（填写调查问卷、访谈）、培训主管（观察或填写调查问卷）	观察法（培训中或结束后由培训主管使用）、问卷调查法（培训后使用）
第二层次：学习	主要是针对培训内容和培训项目的整体情况以及受训者对培训内容的掌握程度进行评估	√		√ 培训结束后即刻进行	培训主管、培训讲师	测试法、课堂回顾法、问卷调查法和模拟训练法
第三层次：行为	主要是针对受训者接受培训前后的工作绩效表现进行评估，以确定培训是否真正对受训者的工作起到了推动作用	√ 培训前期进行		√ 培训结束一段时期后进行（如 3 个月、半年进行）	由受训者的直接上级主要负责、由培训讲师配合完成	观察报告、业绩评估报告、对照组
第四层次：结果	主要是衡量、评估培训对产出的贡献，包括了量化指标以及定性指标	√		√ 培训结束一段时期后进行，通常是 3 个月、半年或一年	由财务部、受训者所在部门共同完成	绩效评估报告

表 11-3　各层次评估的优点与缺陷

<table>
<tr><th>评估层次</th><th>优　点</th><th>缺　点</th></tr>
<tr><td>第一层次：反应</td><td rowspan="2">● 简单易行，多数的培训评估仅针对反应与学习层次进行</td><td>● 无法评估培训是否达成了预期的要求
● 评估的客观性容易受到受训者主观因素的干扰</td></tr>
<tr><td>第二层次：学习</td><td>● 无法评估培训是否达成了预期的要求</td></tr>
<tr><td>第三层次：行为</td><td rowspan="2">● 从行为转变的过程和结果两个层次进行评估有利于全面衡量培训效果</td><td>● 对生产性工作进行行为方面的评估相对来说比较简单且直接，但知识性工作的行为评估则比较困难、复杂</td></tr>
<tr><td>第四层次：结果</td><td>● 评估周期长
● 评估成本高
● 需要多个部门配合完成，占用资源多</td></tr>
</table>

表 11-4　培训评估的七种方法

评估方法	优点	缺点	使用的基本原则	适用范围
观察法	● 直观，便于操作	● 只能提供被观察者的表象而不能揭示深层次原因 ● 有一定的主观臆断性	● 需要与其他的方法配合使用	● 适用于培训经理在培训中进行反应评估时使用 ● 适用于培训后受训者直接上级对其行为评估时使用（需与其他方法配合使用）

续表

评估方法	优点	缺点	使用的基本原则	适用范围
问卷调查法	● 便于全面评估问题，并给予填写者足够的时间表达自己对整体培训的意见和建议	● 如果设计不当或使用时机不合适，容易流于形式	● 问卷的设计要符合培训班的目的 ● 设计的问卷要充分考虑到各种不同的反应 ● 开放式问题、封闭性问题量分制 ● 由受训者完成的调查问卷应控制在 10 ～ 15 分钟内完成，若时间过长则不利于相关信息的反馈 ● 鼓励受训者真实填写，可以视具体情况决定是否需要受训者留下真实姓名 ● 应该在培训单元结束后立刻进行	● 可以广泛适用于反应与学习两个层次方面的效果评估 ● 适用于需要大量回收反馈信息的调查 ● 目前主要用于学员对整个培训项目的评估 ● 了解各方面（同事、上级）对受训者评判

续表

评估方法	优点	缺点	使用的基本原则	适用范围
测试法	• 可以直接测试受训者对培训内容的掌握程度	• 有可能会使部分受训者产生紧张情绪，不利于正常水平的发挥 • 测试的成功并不一定意味着在实践工作中的成功	• 应针对培训内容与受训者的特点相应设计测试内容	• 主要用于学习层次的效果评估，可在培训前后使用以对比培训效果 • 可以考虑使用试卷测试、提问-回答、模拟现场测试等多种方法 • 可以在培训结束后即刻进行，或者在培训结束后短期内进行
课堂回顾法	• 由讲师带领受训者对重点内容进行回顾，便于纠正受训者主观上的错误认识	• 不利于发现每个受训者对培训内容的掌握情况	• 通常在某一培训单元或当天的课程结束后使用	• 如果培训持续一天以上或包含有不同模块的培训内容，可以考虑使用该方法针对要点或培训内容的理论框架进行回顾
模拟训练法	• 包括角色扮演、模拟练习等多种方法，可以帮助受训者在“做”中熟悉培训内容	• 受制于培训内容、时间、场地、受训者接受程度等多种因素	• 在相关培训内容（某一模块或某一部分内容）介绍完毕后使用	• 主要针对学习层次的效果评估，既是一种培训方法也可以作为评估方法应用

续表

评估方法	优点	缺点	使用的基本原则	适用范围
绩效评估报告	• 有助于连续性的、在某段时期内全面评估受训者的工作表现，以及培训内容在工作中的应用情况	• 周期长，成本高 • 涉及多个部门 • 如果没有严格的制度保障和客观、公正的评估标准，则很容易流于形式 • 数据的收集也可能会存在一定的问题（如是否会按时取得所需要的数据、数据是否真实、全面等） • 经营的改善取决于多种因素，有时难以判断培训是否直接产生了效果	• 通常由财务部、人力资源部、培训管理部、受训者所在部门的负责人共同参与进行	• 主要是针对行为、结果层次进行评估
访谈法	• 克服了其他评估方法无法进行双向式沟通的弊端，可以随时根据情况调整访谈的目的和方向，以全面获取所需要的信息	• 访谈的效果受制于访谈者的技巧与受训者是否愿意透漏真实想法等多种因素	• 要有明确的访谈目的 • 掌握一定的访谈技巧	• 经常作为一种辅助方法应用于反应、学习两层次的效果评估

下面，我们就以评估的层次为主线，详细进行说明。

第二节 反应层次的评估

反应层次的评估如表 11-5 所示。

表 11-5 对反应层次评估的详细说明

评估的内容	● 主要是通过受训者的感性认识评估培训项目，包括了受训者的态度、活力、热情、兴趣和参与的主动性与程度等方面内容，以及受训者对培训讲师的基本评估
评估的时机与方式	● 可以通过培训中观察受训者的反应（见表 11-6）和培训后由受训者填写调查问卷对培训项目和培训讲师两方面进行评估（见表 11-7 和表 11-8）
评估开展的建议	● 建议在培训即将结束前进行，以避免受训者急于离开而无法认真填写调查问卷 ● 建议受训者在调查问卷中留下姓名。这样，一方面可以要求受训者对自己的评估负责，另一方面也可以帮助追踪个别受训者的培训效果或提供额外的辅导

应用工具箱

反应层次的评估工具主要包括了培训经理使用的培训观察报告（见表

11-6）与受训者填写的评估问卷（见表 11-7）以及培训讲师填写的评估问卷（见表 11-8）。

表 11-6　培训中使用的观察报告

培训观察报告 No.			
说明： 本观察报告供培训经理使用，主要是对培训过程受训者的反应和讲师的表现进行评估使用。			
第一部分：培训课程基本信息			
培训项目名称			
时间		地点	
讲师姓名			
受训部门与人员			
第二部分：受训者反应			
1. 哪些内容吸引了受训者的注意力？ 2. 哪些内容对受训者而言最没有吸引力？ 3. 受训者是否积极配合了讲师的工作以确保培训项目的正常开展？ 4. 哪些受训者表现比较突出？ 5. 哪些受训者表现比较沉默？ 6. 受训者对培训进度的反应如何？			
第三部分：讲师表现			
1. 讲师是否有效抓住了受训者的注意力？他是怎么影响他们的？ 2. 讲师是否表现得大方得体？ 3. 讲师是否清晰解释了培训的内容？ 4. 讲师是否重复（或回顾）了重点的内容？ 5. 讲师是否使用了恰当的培训方法（如游戏、角色扮演等）以增强培训效果？ 6. 讲师是否充分调动了受训者的积极性使其充分参与其中？			

表 11-7　反应层次的评估问卷（由受训者填写）

培训评估问卷
__________，您好！ 本问卷的主要目的在于了解您对此次培训的整体评价，我们期望能够通过本问卷了解您真实、具体的感受和建议，以便我们可以更好、更快地改善和提高培训服务的技能和技巧，从而能够在下次培训中为您提供更优质的培训服务！ 再次感谢您的支持与帮助！
第一部分：受训者基本信息
姓　　名：______________　　工作部门：______________ 日　　期：______________　　培训项目名称：__________ 培训地点：__________________________________ 讲　　师：__________________________________
第二部分：培训课程
1. 我对本次培训的整体印象是： 有兴趣　1　2　3　4　5　没有兴趣 进度太快　1　2　3　4　5　进度太慢 太简单　1　2　3　4　5　太难了 与工作相关　1　2　3　4　5　与工作不相关 结构清晰　1　2　3　4　5　结构不清晰 组织良好　1　2　3　4　5　组织不好 轻松　1　2　3　4　5　紧张 2. 您认为本次培训在整体课程设计上是否系统、完整？ ○ 非常系统　○ 系统　○ 一般　○不太系统　○ 十分零散、不系统 为什么？ 3. 您认为该培训内容是否与您的工作密切相关？ ○ 密切相关，随后可以立刻应用于工作中 ○ 密切相关，但目前本企业尚未建立相应的工作流程或职能，需要自己转化

续表

○ 有一定的用处，可以考虑在工作中应用或尝试
○ 一般
○ 无用
为什么？

4. 您认为本次的培训内容：
○ 内容新颖，之前未系统地了解相关内容
○ 内容新颖，且具有一定的挑战性
○ 老生常谈，没有新意
○ 内容空洞
为什么？

5. 培训教材与辅助材料是否有帮助？
○ 非常有参考价值
○ 有一定的参考价值
○ 一般
○ 内容不具体，不充分
为什么？

6. 本次培训的时机是否合适？
○ 太迟　○ 适当　○ 应另外安排时间
您认为合适的时机是：

7. 您认为培训内容方面最大的优点和缺点是什么？
优点：

缺点：

续表

第三部分：培训讲师

您认为此次培训中讲师授课整体效果的综合评价（知识水平、仪表、仪态等）？

讲师姓名	专业水平	授课技巧	仪表仪态	进度把握	整体评价

说明：请将对应的数字填入上表（非常好 1 2 3 4 5 非常差）

第四部分：培训风格

1. 您认为本次的培训过程中现场气氛：

○ 非常好

○ 较好

○ 一般

○ 较差

○ 很差

为什么?

2. 您认为讲师在培训中是否有效在引导着整体的教学进度与现场反应?

○ 非常有效

○ 较好

○ 一般

○ 较差

○ 很差

为什么?

续表

第五部分：培训项目管理
1. 整体项目管理 2. 培训前的通达 3. 培训场地与设施安排 4. 餐饮与住宿安排 5. 其他
第六部分：个人感受
1. 您认为培训课程中哪些部分是您最感兴趣的？为什么？ 2. 您认为培训课程中哪些部分是您最不感兴趣的？ 3. 您认为培训课程中哪些部分是对您的工作最有帮助的？为什么？ 4. 您认为培训课程中哪些部分是对您的工作最没有帮助的？ 5. 您认为本次培训可以在哪些方面进一步改善（请列出三个方面）？ 6. 您认为目前工作中最大的问题或困难是什么？本次培训是否能够帮助您提高处理类似问题的能力和相关知识？为什么？ 7. 下次您最愿意参加哪些方面的培训？（请举出三个您认为最有必要或感兴趣的方面）

续表

其他说明
如果您有什么好的建议、要求或需要对以上内容做进一步解释，请在此详细说明。

表 11-8　反应层次的评估问卷（由培训讲师填写）

培训评估问卷 说明： 本问卷供培训讲师在培训结束后填写。
第一部分：基本信息
培 训 讲 师：__________　填写报告时间：__________ 培训客户名称：__________　培 训 时 间：__________ 培训课题名称：__________　培 训 地 点：__________ 培 训 对 象：__________　受 训 者 数 量：__________
第二部分：培训项目
1. 实际授课课程纲要以及授课重点： 2. 在培训沟通以及培训执行过程中所发现的问题： 3. 建议的改善意见（内容、互动方式、进度编排等）： 4. 对培训后期跟进工作的建议：

第三节　学习层次的评估

对学习层次的评估如表 11-9 所示。

表 11-9　对学习层次评估的详细说明

评估的内容	● 评估受训者是否能够达成预期的学习目标 ● 评估受训者是否了解如何应用培训内容于相关工作中 ● 两个典型的评估目标包括知识点（基本掌握概念、技能等相关培训内容）和标准（熟悉这些知识、技能并知道从事本职工作应掌握的技能标准）
评估的时机与方式	● 通常是在培训前、后进行 ● 在评估之前，也要确定好期望达到的标准（培训的预期目标）（见表 11-10） ● 可以通过测试法、课堂回顾法（见表 11-11）与问卷调查法（见表 11-12 和 11-13）、模拟训练法等多种方式进行
评估开展的建议	● 成人学习的一个原则是在做中学，实践会增加受训者对培训内容的感性认识，因此，在进行该层次的评估时，如果培训的内容是技巧方面的，通过模拟练习（如提出一些问题，或提供一个模拟场景，要求他们予以解决）等方法更容易被受训者所接受。如果培训内容理论性比较强，则测试法、课堂回顾法与问卷调查法更好一些 ● 如果采用测试法，则测试的内容必须涵盖可以有效评估的内容 ● 通过培训前、后的对比可以了解培训的作用，建议在培训前进行培训需求分析时就要针对相关培训内容进行测试

应用工具箱

学习层次培训评估目标的检查清单如表 11-10 所示。

表 11-10　学习层次培训评估目标的检查清单

学习层次评估目标的检查清单	
基本考虑方向	对评估的影响
学习目标不明晰	在正式开始培训前重新考虑、设计学习目标
学习目标中并没有明确指出“必须掌握”	重新核对期望达成的目标，如果该目标仅仅要求受训者对相关内容有所了解，则评估的内容与标准应相应降低
学习目标要求进行技能的操作	测试应侧重于“表现”方面，即如何熟练应用这些技能
企业或受训者的上级对学习内容的深度感兴趣	了解他们的兴趣点，进而采用合适的方法满足他们的需求
学习需要循序渐进开展	采用测试法，但依据工作需要分为初级、中级、高级等不同的技能级别
培训后需要取得一定的证书或资格	采取分技能级别的、基于证书（或资格）要求的测试方法
培训后需要将这些新的技能应用于工作	采用假设的方法确立工作标准，并通过培训后的相关评估测试、修订这些标准
如果评估的结果将被使用于升迁或岗位调整这样的用途	需要使用客观的评估方式（如笔测和表现测试）并确保该评估方法能够满足严格、有效、可信这样的基本要求

在某培训单元结束后，讲师引导受训者对该单元内的重点内容进行回顾，讲师可以使用这样的方法，如表 11-11 所示。

表 11-11　学习层次的课堂回顾法示例

分类	说　　明
重点内容回顾法	讲师可以通过竞赛的形式询问这样的问题："谁能够尽快列出本单元的五个重点培训内容？"
接力法	讲师可以寻找不同的受训者依次回答下列问题："这个培训单元的重点内容是什么？""我对这部分内容是怎么理解的？""这部分内容对我们的工作有什么指导意义？"以及"我将如何在工作中应用这些培训知识？"
案例讨论法	讲师给出一个（或若干相互关联的）案例和讨论课题，要求受训者使用相关的培训知识进行讨论
提案法	讲师给出重点内容大纲，由受训者结合本职工作举出适当的案例来验证这些内容

表 11-12　学习层次的评估问卷（由受训者填写）

学习层次的评估问卷

受训者姓名：____________________部门：

培训项目名称：____________________时间：

1. 在工作中您遇到的最大的困难是什么？为什么您认为这会对您的工作带来一定的困难？

2. 通过本期培训，您有哪些方面的收获？您是否感觉可以帮助您解决在问题 1 中提到的困难？请结合工作具体说明。

3. 本次培训巩固了您哪些方面的知识？请结合工作具体说明。

4. 经过本次培训后，您将在今后的工作中采用何种与以前不同的方式做事？

5. 为配合今后工作的开展，您认为自己还需要哪些方面的知识与技能培训？或：您认为自己目前的技能处于什么水平？今后希望提高到什么水平？

表 11-13　学习层次的评估问卷（由培训讲师或受训者的直接上级填写）

学习层次评估问卷

受训者	技能评估点					
	技能 A			技能 B		
	培训前	培训后	后期改善目标	培训前	培训后	后期改善目标
A	①②③④⑤	①②③④⑤		①②③④⑤	①②③④⑤	
B	①②③④⑤	①②③④⑤		①②③④⑤	①②③④⑤	
C	①②③④⑤	①②③④⑤		①②③④⑤	①②③④⑤	

说明：

① 不具备该技能

② 对该技能有初步的认识

③ 了解、掌握技能要求

④ 能够按照要求使用该项技能

⑤ 熟练掌握该技能

第四节　行为层次的评估

对行为层次的评估如表 11-14 和表 11-15 所示。

表 11-14　对行为层次评估的详细说明

评估的内容	● 行为层次的评估主要是明确行为的标准是否已经被接受和掌握——这些标准同学习层次的目标比较相似，但更侧重于如何在实际工作中应用并形成实际的经营产出 ● 通常评估的内容应该考虑企业绩效考核体系和实际工作的需要
评估的时机与方式	● 行为层次的评估可以通过多种形式进行，如采用对照、对比培训前后工作表现等，通常表现为观察报告、业绩评估报告等形式，但无论采用何种形式，其结构与内容基本相同 ● 行为层次的评估由受训者的直接上级主要负责、由培训讲师或其他相关部门配合完成
评估开展的建议	● 对生产性工作进行行为方面的评估相对来说比较简单且直接，但知识性工作的行为评估则比较困难、复杂 ● 在进行行为层次的评估时，还需要考虑习惯的力量。如果培训在行为方面的目标仅仅是要求人们用新的方法来工作，而不涉及让受训者改变其长期根深蒂固的习惯的话，则培训后行为的转变很容易进行。但是，相对于形成周期较长的公司文化、理念、意识等“软件”，则通过培训在短期内加以改变是很难的，彻底的改变需要公司在“硬件”方面（包括公司的结构、体制、程序、战略等）做出变革后逐步完成

表 11-15　行为层次的评估需要考虑的具体问题

（企业可根据具体情况考虑使用哪些具体指标） 1. 有什么新的或改进的知识、技能可以应用于工作？ 2. 有什么新的工作标准将使用？ 3. 这些技能应用的频率如何？ 4. 在某一岗位上有哪些新的职责需要履行？ 5. 有什么新的工作程序（或流程）将被应用？ 6. 将执行什么具体的行动方案？

行为和结果层次的评估通常合并进行，因此，我们将在结果层次的评估中提供相关的示例。

第五节　结果层次的评估

对结果层次的评估如表 11-16 所示。

表 11-16　对结果层次评估的详细说明

评估的内容	● 在行为层次的基础上，衡量受训者行为的变化对企业经营的影响 ● 需要评估的内容主要包括刚性指标（产出、质量、成本、时间）和柔性指标（包括客户服务、工作环境、工作习惯）等

续表

评估的时机与方式	• 受训者需要有一定的时间去改变他们在工作中的行为，只有在工作行为确实改变之后，才可以进行行为层次的评估，而结果层次的评估则只有在企业整体经营效果有了改善之后才便于进行。换言之，结果层次的评估旨在探究新的行为方式与改进了的绩效之间的关系
评估开展的建议	• 要进行行为、结果层次的评估，要有一个明确的、清晰的目标，要确定你想测评的技能 • 针对行为、结果层次进行的培训评估需要在一段时间内持续开展 • 只有一些具体的任务和技能可以进行行为、结果层次的评估，比如在运用某种方式处理顾客投诉、在谈话中提出开放式问题等。由培训班引起的、基于价值观、原则或知识等的变革，则不能进行这两个层次的评估。如果培训的技能是无法量化的，如给下属更多的指导，或者与客户建立更好的沟通等也无法进行这两个层次的评估 • 不要试图孤立衡量培训对企业整体经营做出了多大的改善。在公司的经营中，由若干互相依赖的因素在发挥着作用。因此，要避免片面地将经营中取得的成绩统归于培训 • 培训成果转化为实际的生产力也离不开工作环境的支持。企业需要塑造相关的氛围帮助受训者应用培训内容，尤其是受训者的直接上级，他们的规范、教导、支持、质疑和命令方式对受训者都有着决定性的影响

应用工具箱

可用于行为、结果层次评估的示例如表 11-17 和表 11-18 所示。

表 11-17　可应用于行为、结果层次评估中的指标示例

<table>
<tr><th colspan="2">可应用于行为、结果层次评估中的指标示例</th></tr>
<tr><td colspan="2">第一部分：刚性指标</td></tr>
<tr><td>类别</td><td>指标示例</td></tr>
<tr><td>产出</td><td>● 单位时间内的产出单位（如吨、米等）
● 单位产出所需要的时间
● 单位时间内装配的零件量
● 生产率
● 销售回收比率
● 库存周转期
● 完成项目数
● 销售周期内的订货额（量）
● 新客户开发量与实际销售额</td></tr>
<tr><td>成本</td><td>● 预算控制率
● 单位成本
● 单个客户成本
● 固定成本（以及下降率）
● 变动成本（以及下降率）
● 管理费用（以及下降率）
● 操作成本（以及下降率）
● 误工成本（以及下降率）
● 废品成本（以及下降率）
● 销售成本（以及下降率）</td></tr>
</table>

续表

类别	指标示例
质量	• 参次品率 • 废品率 • 退回不良品（数量与比率） • 错误比率 • 返工率 • 偏差率（同标准相比） • 库存调整（数量与金额） • 任务完成比率 • 事故发生率
时间	• 开工期与停工期 • 加班时间 • 准时交货率 • 项目完成时间 • 准备时间 • 指导时间 • 新员工训练费用 • 培训时间 • 维修时间 • 工作中断时间 • 订单回复时间 • 延误报告时间

续表

第二部分：柔性指标	
类别	指标示例
工作习惯	• 缺勤率 • 违反安全条例的行为 • 客户拜访管理 • 额外加班 • 订单追踪
工作氛围	• 内部投诉数量 • 工作满意度 • 团队向心力 • 员工忠诚度 • 增强的信心
客户服务	• 顾客抱怨与投诉数量 • 顾客满意度 • 顾客维系率 • 顾客忠诚度 • 丧失的顾客数量
员工职业发展	• 获得提升的员工（数量与比例） • 薪资增长（数量与比例） • 参加的培训项目（数量） • 员工要求换岗 • 工作效率的提升
创新与变革	• 新思想的应用 • 项目成功完成率 • 内部建议的数量 • 发展目标 • 向市场推广的新产品与服务 • 新获审批的专利数量与知识产权数量

说明：本表仅列举了部分常用指标，企业可以根据具体的情况（岗位、培训内容等）相应设计适合于自身的指标。

表 11-18　行为、结果层次的评估报告示例

行为、结果层次的评估报告

说明：
本评估报告主要适用于培训结束后一定时间内评估受训者相关部门绩效变化情况，应该由受训者所在部门、财务部、培训讲师共同配合完成。

第一部分：培训项目基本信息

培训项目名称：______________________时间：
讲师姓名：______________________受训者所在部门：
培训的主要技能与期望达成标准：

技能点	达成标准

第二部分：培训前后的主要指标对比

绩效指标	数据来源	对比期间			
		培训前	培训结束时	培训结束后3个月	培训结束后6个月

续表

第三部分：培训后一定时期内面向受训者了解的问题
1. 您认为今后自己是否能够迅速将相关的培训内容应用于工作？对目前的工作将产生什么样的影响或改善？（培训结束后询问） 2. 如果您认为自己在应用培训内容于工作中存在一定的困难（或障碍），请问这些困难（或障碍）具体是什么？将如何影响您的工作？您将如何解决这些问题？是否期望得到帮助？期望得到哪些方面的帮助？（培训结束后询问） 3. 自从您参加了培训后是否认为自己的工作发生了变化？发生了哪些变化？请举例具体说明。 培训结束后 3 个月： 培训结束后 6 个月： 4. 公司是否提供了支持以帮助您更好地应用培训内容于工作？您认为哪些方面做得比较成功？哪些方面需要进一步改进？请结合具体事例说明。 培训结束后 3 个月：

参考文献

［1］陈艺.企业培训有效性分析［D］.南京：南京师范大学，2001.

［2］关培兰，刘学元.如何做培训［M］.大连：大连理工大学出版社，2000.

［3］李春苗，林泽炎，裴丽芳.企业培训设计与管理［M］.广州：广东经济出版社，2002.

［4］刘惠林，林虹.国外职业教育和培训的特点与我国的对策［J］.中国培训，2001（11）.

［5］刘新军.点石成金：企业培训实务［M］.沈阳：沈阳出版社，2002.

［6］金明珠.人力资本投资效益及大庆油田培训系统的研究［D］.哈尔滨：哈尔滨工程大学，2001.

［7］屈云波，马旭.业务员推销技巧与成功的销售训练［M］.北京：企业管理出版社，1998.

［8］王存善.漫谈国内企业与国际知名企业培训的差异［J］.中国培训，2002（12）.

［9］ 王鲁捷，钟磊，孙启霞．企业培训绩效综合评价指标体系研究［J］．中国培训，2002（12）．

［10］ 王如意．国有企业管理培训现状研究［D］．北京：对外经济贸易大学，2002.

［11］ 王忠明，李俊庆，刘燕斌．现代培训课程设计［M］．北京：中国人事出版社，1999.

［12］ 杨宣志．国有企业员工培训的风险与规范方法［J］．中国培训，2001（8）．

［13］ 朱文平．TOP 经理人组合训练教程［M］．北京：北京出版社，1998.

［14］ 张平淡．销售管理（第二版）［M］．北京：企业管理出版社，2002.

［15］ 张志刚．专业经理管理训练指引［M］．北京：中华工商联合出版社，2000.

［16］ 赵曙明．国有企业人力资源管理［M］．南京：南京大学出版社，1998.

［17］ 布鲁斯·克莱特．终极培训班手册［M］．何雪，译．北京：企业管理出版社，2004.

［18］ 盖瑞·凯郎特．培训探秘［M］．曹淮扬，译．北京：企业管理出版社，2001.

［19］ 琼·普莱尔．培训与发展手册（上、下）［M］．王庆海，译．北京：商务印书馆国际有限公司，1999.

［20］ 诺里·吉利兰．培训员工　赢得竞争［M］．张吉吉，译．北京：商务印书馆国际有限公司，1999.

[21] 马丁·所罗门．培训战略与实务［M］．孙乔，任雪梅，刘秀玉，译．北京：商务印书馆国际有限公司，1999.

[22] 玛丽·艾伦·布兰特丽，科里斯·科尔曼．高科技人才战［M］．金波，张昕，译．北京：企业管理出版社，2002.

[23] 大卫·梅尔．培训学习手册［M］．刘安田，张峰，译．北京：企业管理出版社，2002.

[24] 兰妮·阿里顿多．有效沟通［M］．杨大鹏，译．北京：企业管理出版社，1999.

[25] 杰克·J 菲利普斯．培训评估与衡量方法手册［M］．李元明，林佳澎，译．天津：南开大学出版社，2001.

[26] Peter A，Facione. Critical Thinking:A Statement of Expert Consensus for Purpose of Educational Assessment and Instruction［M］. CA：The California Academic Press，1990.

[27] 李发彬．企业人力资源培训的系统观考察［J］．中国培训，2001（9）.